KB125572

흔들리지 않는

투자
철학

정원철 지음

목차

서문 ────────────────

읽기 쉬운 책이 좋은 책입니다. 나아가 독자의 마음을 변화시킬 수 있다면 더 좋은 책이고, 행동을 변화시킨다면 탁월한 책일 것입니다.

그렇다면 좋은 투자서란 어떠한 책이어야 할까요?

제가 생각하는 좋은 투자서는 책장에서 다시 꺼내지는 책이어야 합니다. 독자의 투자 철학에 변화를 일으키는 책이어야 합니다. 그러한 관점에서 접근하고 책을 집필했습니다.

투자는 매우 어렵습니다. 주식 투자는 더더욱 어렵습니다. 성공적인 주식 투자를 하기는 어렵고 이를 장기간 지속하는 것은 더더욱 험난한 여정입니다.

이러한 긴 여정에는 흔들리지 않는 이정표와 기준점이 필요합니다. 잔혹한 투자의 세계에서 투자자들이 가장 먼저 갖추어야 할 기본기는 올바른 투자 철학을 설립하는 것입니다. 즉, 투자 시장의 본질을 이해하고 이를 토대로 올바른 원칙을 만들어 나가는 데서 성공적인 투자가 시작됩니다.

이 책 전반에 걸쳐 다루게 될 핵심 개념들인 리스크 관리, 마인드셋, 손익비, 포트폴리오 관리 등의 개념을 이해한다면 이 책은 소명을 다한 것이 될 겁니다.

투자에 실질적으로 도움이 될 만한 구체적인 팁들도 많이 담았습니다. 매수와 매도에서는 어떠한 사항들을 고려해야 하는지, 포트폴리오 관리는 어떻게 해야 하는지 등에 대해 실었습니다. 또한, '제8장 투자에 대한 생각 파트'에서는 시장을 바라보는 관점과 투자에 대한 심층적인 생각을 통해 투자의 본질을 이해하고 흔들리지 않는 투자 철학을 세우는 데 도움이 될 만한 이야기들을 실었습니다.

이 책을 시작하기에 앞서서 말씀드리고 싶은 부분이 있습니다. 기초적인 용어들에 대한 설명과 데이터에 대한 검증은 생략했습니다. 군더더기 없는 책을 만들고 싶었습니다.

예를 들어 PER, PBR, MDD 등의 기초 용어에 대한 설명, 이동평균선과 차트의 기본 개념인 지지, 저항, 돌파, 추세선 등에 대한 개념적인 설명 등은 생략하고 활용 방안에 대해 집필했습니다. 용어의 기본 개념은 포털 사이트에 검색하시면 어렵지 않게 습득할 수 있는 부분이기도 하고 이를 상세히 설명하기에는 지면이 조금 아깝다고 판단했습니다.

마찬가지로 데이터에 대한 검증도 생략했습니다. 제가 투자서를 많이 섭렵하면서 느낀 것이지만, 투자서에는 특히 이 데이터나 추론에 대한 상세한 검증이나 결과물들이 책의 많은 부분을 차지합니다. 그러나 사실 투자자가 알고 싶은 부분은 연구의 결과물과 그것이 시사하는 방향성이지 연구의 상세한 과정은 아닐 수 있습니다.

마지막으로 미리 언급해야 할 부분은 투기와 투자의 관점에 대한 내용입니다. 주식 시장에는 많은 상반된 관점이 존재합니다. 예를 들어 어떤 자산의 가격이 내려갑니다. 사야 할까요? 팔아야 할까요?

투기의 관점에선 리스크가 커질 수 있으므로 팔아야 할 테고 투자의 관점에선 가치가 할인되고 있으므로 사야 한다고 답할 수 있습니다. 무엇이 맞고 틀리다 할 수 없습니다. 인내심 있는 가치 투자자도 시세에 잘 대응하는 트레이더도 장기적으로 수익을 낼 수 있다면 모두 훌륭한 투자자입니다.

다만 투자자의 입장에서는 양쪽의 좋은 점을 모두 취할 필요가 있습니다. 성공적인 투자자는 양 기질이 혼재되어 나타난다는 데이터가 있습니다. 그러한 관점을 잘 생각해 주시고 이 책을 읽어 주시면 감사하겠습니다.

현명한 투기꾼도 좋고, 조금 더딘 가치 투자자도 좋습니다. 이 책 전반에 걸쳐 자주 나오는 단어인 '투기'를 나쁜 관점에서 받아들이지 마시고 균형 잡힌 관점으로 바라보아 주시기를 부탁드립니다.

아무쪼록 이 책이 여러분의 투자 관점에 조그마한 긍정적 변화를 일으킬 수 있기를 바랍니다. 저는 이 책이 지저분하게 읽히기를 원합니다.

투자자 여러분!

투자의 세계에서는 잘하려고 노력하기보다는 하지 말아야 할 실수를 안 하는 것이 더욱 중요합니다. 이 책을 읽고 난 후에 독자분들의 투자 실수와 독소가 제거되길 간절히 바랍니다.

WISE

INVESTMENT

PHILOSOPHY

제 1 장

마인드셋의 중요성

투자에서는 마인드셋이
가장 중요하다

투자에서 가장 중요한 것이 뭐냐고 저에게 물으신다면 단연코 마인드셋이라고 답해 드리겠습니다. 사람의 뇌 구조 자체가 편향적인 사고를 하도록 설계되어 있고, 훌륭한 투자의 본질적인 부분들이 심리를 거스르는 부분이 많습니다. 아닌 것 같지만 심리적인 부분이 투자에 미치는 영향은 매우 크며, 이는 초보자일수록 더 그렇습니다.

투자에서는 감정을 철저히 배제해야 합니다. 그리고 이러한 심리적인 부분을 이해하는 데서 올바른 투자는 시작됩니다. 성공적인 투자원칙의 토대를 세우기에 앞서서 투자의 본질적인 부분이 무엇인지, 그리고 갖춰야 할 심리적인 마인드셋에는 어떠한 것들이 있는지 먼저 알아보도록 합시다.

성공적인 투자의 시작점은 어디가 되어야 할까요?
투자 대가들의 클래식한 투자 원칙 답습하기? 기업 공부? 기술적 분석? 가치 평가 방법 이해? 아닙니다.

투자의 시작점은 바로 본인의 투자 기질을 이해하는 것입니다.
이것이 매우 중요합니다.

본인의 투자 기질을 이해하는 데서 투자 철학이 시작되어야 합니다.

가치 평가의 석학이라 불리는 에드워드 다모다란 교수의 『투자 철학』이란 책에서 다모다란 교수가 마지막으로 강조하며 지적하는 부분이기도 합니다. 올바른 투자 철학을 세우기 이전에 투자자는 자신의 투자 기질을 먼저 알아야 합니다.

리스크에 대한 수용 정도, 인내심과 성격적 기질, 심리적인 마인드 셋 등을 고려해서 자신에게 어떠한 투자 방식이 맞을지 먼저 고려해 봅시다.

예를 들어 모험이나 변화를 싫어하고 성격도 차분하고 크게 욕심내는 성격이 아니며 느긋한 기질의 투자자에게는 단기 트레이딩이 어울리지 않을 수 있습니다. 이런 투자자들은 안정적인 배당주 투자나 지수 추종 투자, 저밸류&해자 조합의 우량주 장기 투자 등이 어울리는 투자처가 될 수 있겠습니다.

반면 성미가 급하고 모험을 즐기며 높은 성과를 추구하고자 하며 리스크를 평정심을 유지하며 수용할 수 있는 성격에 감각이 좋은 편이라면 데이 트레이딩, 모멘텀 투자, 단기 스윙 투자 등을 고려해 볼 수 있겠죠.

그리고 이러한 성격적 기질 이외에 '흥미도'와 '이해력'에 대한 부분도 고려해야 합니다.

투자자가 투자할 수 있는 섹터는 매우 다양합니다. 그러나 투자자들은 투자의 범위를 제한할 필요가 있습니다. 자신의 '능력 범위' 안에서 투자하는 것이 좋습니다. 사실상 본인이 강점을 가질 수 있는 주력 섹터는 2~3개년 충분합니다.

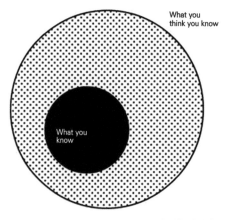

What you
think you know

What you
know

* 능력 범위 원의 모습

　필자만 하더라도 어떤 산업에 관한 글은 단번에 이해도 잘되고, 핵심이 무엇인지 전체적인 흐름이 무엇인지 잘 파악되는 섹터가 있는 반면에, 애널리스트의 인뎁스 리포트를 읽고 또 읽어도 잘 와닿지도 않고 늘 어려운 섹터가 있습니다. 간단합니다. 이런 섹터는 안 하면 됩니다. 모든 것을 알려고 하면 투자는 점점 어려워집니다. 관심 있고 이해가 쉽고 흥미를 지속적으로 가질 수 있는 섹터에 투자해야지 추적하며 관리하기가 쉽습니다.

　본인의 성격적 기질과 투자 성향을 고려하고, 능력 범위를 고려하여 투자 대상을 좁히시고 투자 스타일도 제한적으로 범위를 한정하십시오.
　워런 버핏의 오랜 동업자 찰리 멍거가 말한 이 문장을 기억하시면 좋습니다.

투자자에게 필요한 것은 선택한 비즈니스를
올바르게 평가하는 능력입니다.

이 문장에서 어떤 단어가 가장 눈에 들어오시나요? '올바르게'란 단어가 눈에 들어오시나요? 우리는 '선택한'이라는 단어에 주목해야 합니다. 모든 회사의 전문가가 될 필요가 없습니다. 투자의 범위를 제한하십시오. 모르는 것을 인정하고 자신의 능력 범위 안에서 투자하십시오.

그런 점에서 저는 기술주 투자를 멀리하는 편입니다. 예를 든다면 이런 것입니다. 라온테크라는 기업의 증권사 리포트 중 일부분입니다.

반도체 투자 확대로 인한 진공로봇 실적 성장과 함께 전방시상 다각화 효과 기대
1) 글로벌 반도체 전방 시장의 투자 확대로 안정적인 성장 전망: 산업전반에 걸친 반도체 수요 급증과 글로벌 반도체 업체의 적극적인 투자 확대가 지속되고 있는 가운데, 국내 유일의 진공로봇 제조 능력을 보유한 동사의 수혜가 예상됨. ① 주요고객인 삼성전자와 SK 하이닉스는 물론 해외 반도체 업체간의 투자계획이 발표되고 있는 가운데, ② 국내 유일의 진공로봇 양산업체로 웨이퍼 이송 솔루션을 보유한 고객 맞춤형 솔루션 제공이 가능하여 동사의 실적 성상이 지속될 것으로 예상함. 특히 기존 상비 공급업체를 통한 이송모듈 및 진공로봇의 신규 고객 확대가 예상되고 있어 큰 폭의 실적 성장이 예상되고 있음. 또한 장비공급업체 내 시장 점유율 확대는 물론, 최종고객 내 장비 공급 다변화 및 시장점유율 확대 등이 진행되고 있어 긍정적임.
2) 디스플레이, 제약 산업 등 전방사업 다각화도 긍정적임: ① 그 동안 주춤했던 디스플레이용 로봇 및 자동화 장비의 수요가 증가하고 있는 가운데, 소형 2 세대부터 대형 8 세대까지 제품 라인업을 확보하여 시장 재진입을 준비하고 있음. ② 제약 및 바이오 시장은 품질 및 원가 경쟁력 확보를 위해 패키징 및 검사 공정에서 자동화 시스템을 도입 중임. 기존 공급 아이템은 점안제, 앰플, 시린지 등의 패키징 및 검사 자동화 장비였으며, 신규 아이템으로 의료용 진단 부문 제조공정 완전자동화를 추진하고 있음.

* 라온테크 증권사 리포트

사실 애널리스트의 해석이 담긴 리포트를 읽고 나서 전반적인 산업의 흐름과 이 회사의 경쟁력 등을 '추측'할 뿐이지, 테크니션으로서 이 기업의 기술력과 경쟁 우위를 정확하게 이해하고 있는 게 아니라는 것이 중요한 부분입니다. 또한 기술력이 우위에 있는 것과 시장에서 널리 표준으로 통용되는 것은 다른 문제이기 때문에 그러한 부분에서 기업의 경쟁력을 알아가는 데 한계가 있습니다. 반대로 소비재 기업은 조금 다를 수 있습니다. 우리가 어렵게 생각하지 않아도 실제로 느끼는 트렌드의 변화는 실생활에서 체험하며 느낄 수 있습니다. 또한, 데이터로도 증명이 됩니다. 『월가의 퀀트 투자 바이블』이란 책을 보면 약 40년 동안 섹터별 수익률의 표준 편차와 수익률을 조사한 연구 결과가 있습니다.

10개 섹터는 공익 기업, 필수 소비재, 금융, 제조, 소재, 통신, 재량소비재, 의료, 에너지, IT입니다.

놀라운 사실은 40년간의 데이터를 보면 10개 섹터 중 가장 수익률도 낮고, 표준 편차가 큰 섹터가 바로 IT 섹터라는 것입니다. 한국 증시에 투자하면 꼭 포트폴리오에 있어야 할 것 같은 IT/정보 섹터, 미래 성장성이 밝아 보이는 기술주 섹터가 역사적으로는 가장 수익률이 안 좋은 섹터라는 것을 증명하는 것입니다.

반대로 필수 소비재 섹터는 전체 섹터 중에서 가장 뛰어난 수익률과 낮은 표준 편차를 보여줍니다(여기에 대한 상세한 내용을 더 알고 싶으신 분은 『월가의 퀀트 투자 바이블』이란 책을 구매해서 보시면 좋을 것 같습니다).

필자는 그래서 기술주를 좋아하지 않습니다. 경쟁 우위를 정확하게 파악하기 어렵고, 살아남는 혁신적인 기업은 매우 소수이고, 미래를 예측하기 어렵기 때문입니다. 대신 미래가 쉽게 그려지는 기업을 좋아합니다. 1년, 2

년, 나아가 먼 미래에도 사람들이 여전히 이 제품을 사용할 것 같고, 여전히 경영진은 믿을 만하고 주주 친화적이고, 기업의 비즈니스 모델이 우수해 다가오는 미래의 변화에 잘 대응해나갈 수 있을 만한 기업들을 좋아합니다.

투자자는 많이 알면 알수록 좋습니다. 배움에는 끝이 없습니다. 그러나 모르는 것은 모른다고 인정해야 합니다. 능력 범위 안에서 투자하시고 능력 범위를 조금씩 늘려 가십시오.

» 투자자가 기억해야 할 것
- 자신의 능력 범위를 아는 것이 중요하다.
- 자신의 능력 범위를 아는 것은 자신의 적성을 잘 알고, 자신의 능력을 과신하지 않는다는 것이다.
- 자신이 잘 아는 분야에만 투자해야 한다.
- 자신의 리스크 허용 수준에서만 투자해야 한다.

또한 투자자는 스스로 자신이 어떤 투자를 하고 있는지 대답할 수 있어야 합니다.

다음과 같은 것들을 고려하시면 됩니다(이 책에서는 주식만 대상으로 하므로 채권을 포함한 자산 배분 개념은 제외합니다).

- 리스크 허용 수준
- 투자 기간: 스캘핑 / 데이 트레이딩 / 스윙 / 중장기
- 투자 스타일: 역발상 가치 투자 / 모멘텀 투자 / 배당주 투자 / 실적주 투자
- 선호 스타일: 가치주 투자 / 성장주 투자
- 기업 규모: 소형주 / 중형주 / 대형주

- 증시: 국내 / 해외
- 투자 섹터

등, 다양한 영역에서 자신이 어떤 포지션을 취하면 좋을까를 염두에 두시기 바랍니다. 모든 영역의 구분이 명확하지는 않습니다. 다만 투자자분들에게 "어떤 스타일로 투자하시나요?"라고 질문이 왔을 때, "저는 소형 가치 성장주 위주로 스윙, 중장기 투자를 선호하는 편이며 이런저런 지표들을 중요하게 생각하고 이쪽 섹터에 주력하여 투자하고 있습니다."라고 대답할 수 있어야 된다는 말입니다.

기다리는 기간도
투자 구간이다

열심히 종목 찾기를 진행하다 보면 마침내 마음에 드는 종목을 발견하게 됩니다. 종목 찾기는 사실 쇼핑과 비슷하다는 생각이 드는데, 견물생심이라고 자꾸 여기저기 들여다보면 볼수록 사고 싶은 종목들이 생기게 마련입니다.

필자는 투자를 진행할 때 주로 4가지의 요소로 종목을 빠르게 평가합니다.

밸류에이션 및 재무 상태, 이익의 증감 추세 및 모멘텀, 경영진 평가 및 자본 배치 능력, 마지막으로 차트로 대표되는 기술적 분석입니다. 세 번째 요소인 경영진에 관한 정성적 분석을 제외하고는 대부분 증권사 리포트 및 사업보고서 그리고 차트를 통해 빠르게 파악할 수 있습니다. 그런데 이렇게 개별 종목을 분석해서 각 요소별로 점수를 합산하면 재미있는 일이 발생합니다. 총점이 다 비슷비슷하게 나온다는 사실입니다.

예를 들면 이렇습니다. A라는 종목은 매우 저평가되어 있지만 성장 매력이 조금 부족합니다. B라는 종목은 이익의 증감 추세가 좋고 성장 섹터에 속해 있지만 조금 비싼 것 같습니다. C라는 종목은 매우 정직하고 미래

지향적이며 자본 배치를 잘하는 경영진이 있지만 비즈니스의 사업 모델이 조금 아쉽습니다. D라는 종목은 기관 수급이 매우 좋고 기술적으로 매우 좋은 위치에 있습니다.

따라서 여기에서 이 종목들의 매력에 집중하게 되면 못 살 종목이 없게 됩니다.

A는 매우 저평가되어 있고, B는 성장이 확실합니다. C는 경영진이 너무나 믿을 만하며 D는 기관 수급이 너무나도 좋습니다.

사고자 마음먹으면 못 살 종목이 없습니다. 우리는 사야 할 이유가 아니라 안 사고 싶은 이유를 찾아야 합니다. 사지 말아야 할 이유를 찾아도 도무지 찾을 수가 없을 때, 그럴 때 크게 베팅하는 것입니다. 평소에는 가만히 기다립니다.

긍정적인 전망, 지금 놓치면 기회를 놓칠 것 같은 두려움, 타인과의 비교, 내가 투자해야겠다고 마음먹었으면 뭐라도 해야겠다는 인지적 태도 등이 주의해야 할 요소입니다.

우리가 좋은 종목을 발견했다고 해서 그 순간이 주가가 가장 할인되어 있는 구간은 단연코 아닙니다.

기다려야 합니다. 기다리는 구간도 투자 구간입니다. 인내심을 발휘해야 합니다. 오지 않을 주가라고 생각될지 몰라도 기다리면 기회를 주는 경우가 많습니다. 오지 않으면 어떻습니까? 기회는 조금 놓쳐도 괜찮습니다.

다음의 두 가지 조언을 곰곰이 곱씹어 보신다면 투자자들이 조금 더 인내심을 발휘하는 데 도움이 될 것입니다.

하워드 막스가 속해 있는 오크트리 캐피털의 모토 중 하나입니다.

 우리는 투자 대상을 찾지 않는다. 투자 대상이 우리에게로 온다.

또, 캔들과 사께다 전법의 창시자인 혼마 무네히사가 한 말도 기억하면 도움이 됩니다.

 매매하고자 하는 마음이 들면 이틀 기다려라.

실제 필자도 매매하고자 하는 마음이 들 때는 이 격언을 항상 떠올립니다. 그리고 실제로 이 조언은 다른 어떤 기술적 분석이나 좋은 정보보다도 더 투자하는 데 도움이 됩니다.

인내심을 갖고 기다리십시오.

기업이 돈을 벌어들이면 이 돈은 어디로 갈까요? 기업이 현금을 창출하고 있다면, 경영자는 이 현금을 어떻게 써야 할까요?

경영자는 잉여 현금 흐름을 바탕으로 사내 유보 혹은 주주들에게 배분하는 두 가지 방식으로 자본 배치를 할 수 있습니다.

주주에게 배분하는 경우라면 배당을 주거나 혹은 자기 주식 취득을 통해 현금을 주주들에게 나눠줄 수 있습니다(기업이 자기 주식을 취득하면 발행 주식 수가 줄어들게 되므로 기존 주주들은 지분율이 상승하고 현금을 배분받는 효과를 누릴 수 있습니다).

주주에게 배분하는 경우가 아니라면 경영자는 '가치를 창출'할 수 있는 방향으로 자본을 배치해야 합니다.

크게 나뉜다면 기업 내부적으로 성장을 도모하는 방향으로 자본을 배치하거나, 외부적으로 M&A를 하는 방향으로 자본 배치를 할 수 있습니다. 차입금 상환도 가능합니다.

M&A도 리스크가 상당합니다. 이미 구축해 놓은 자산을 매입한다는 점에서 효율성과 신속성이 보장되지만, 기업 문화의 충돌, 인수·합병 후 가치가 조화되어 창출되기까지의 비용 문제, 매도자와 매수자와의 정보 차이로 인한 문제 발생 등 다양한 리스크가 내재합니다.

> ## 진정한 위대한 기업들은
> ## 다른 기업에 인수되기를 원하지 않는다.
>
> – 워런 버핏

따라서 필자는 경영자가 다음과 같이 행동할 때 이 기업을 멀리합니다.

· 특별한 이유 없이 잉여 현금을 지속해서 사내 유보시키는 경우
· 경영자가 기존의 비즈니스와 특별히 시너지가 없는 M&A를 지속적으로
  시도하는 경우
· 적당히 배당하거나 자기 주식 취득을 하면서 기업의 내생적 성장은 전혀
  도모하지 않는 경우

훌륭한 경영자는 '투자자적 자질'을 지니는 경우가 많습니다. 즉, 자본 배
치를 철저히 순 현재 가치를 양의 값으로 만드는 쪽으로만 지속적으로 자
본 배치를 하는 경영자가 주주 가치를 생각하는 경영자입니다.

또한, 주주 가치를 이해하고 투자자들과 의사소통을 잘하는 경향이 있으
며 도덕성까지 갖추었다면 더할 나위 없겠습니다.

경영자의 자본 배치 능력은 매우 중요합니다. 기업 자체가 돈을 벌어들이는
비즈니스 모델을 갖추었다고 해도 장기간 자본 이익률을 유지하면서 기업의
성장을 지속시키는 것은 경영자의 자본 배치 능력에 달려 있기 때문입니다.

손실도
투자의 일부다

잃지 않으려 하면 반드시 잃게 됩니다. 투자는 원금 손실이 없는 예금, 적금이 아닙니다. 변동성이 있는 자산입니다. 내가 손실을 입을 수 있다는 변동성을 이해하지 못하면 성공적인 투자를 하기 어렵습니다.

보통 내가 어떤 종목을 매수했을 때 투자자들에게 가장 편안한 상태를 만들어 주는 형태의 상승은 주가가 계단식으로 크게 흔들리지 않으면서 상승하거나, 혹은 매수 이후 주가가 단기간 급등하면서 여유 있는 수익률을 가졌을 때입니다.

투자하면서 거의 드문 경우라 할 수 있겠습니다. 대부분의 경우에는 투자하기 시작하자마자 손실을 입는 경우가 대부분입니다. 긴 손실 구간을 버텨낼 수 있는 인내심도 투자자가 기본적으로 가져야 할 태도입니다. 기본적으로 투자자는 '평단 관리'에 신경 쓰면서 투자를 해야 하는데, 이를 '포지션을 구축한다'는 마음으로 접근하면 좋습니다.

즉, 한 번에 집중 매수하는 투자는 지양하고, 좋은 평단을 만들어 간다는 생각으로 느긋하게 임해야 손실 구간에도 차분하게 대응이 가능합니다.

또한 매수하기 전에 자신의 위험 수용 수준을 충분히 알고 매수해야 합니다. 이 종목이 만약에 하락한다면 어느 수준까지 주가 하락이 이어질 수 있을지, 그리고 나는 어떻게 대응할 수 있을지, 상황이 악화되거나 예상치 못한 방향으로 흐르면 청산 지점은 어디로 정해야 할지 등을 미리 생각하고 매매에 임해야 합니다.

이렇게 손실을 당연한 것으로 받아들이고 변동성을 기꺼이 떠안으면 증시의 하락도 크게 두렵지 않으며 손실에 초조하게 대응하지 않을 수 있습니다.

> 농부들이 농지 시세에 관심을 기울이지 않고
> 계속 농지를 보유하듯이 주식 시세에 관심을 기울이지 않고
> 계속 농지를 보유해야 합니다.
>
> – 워런 버핏

일관성을
유지하라

투자의 일관성을 유지하는 것이 다른 그 어떤 전략보다도 우수한 성과를 가져옵니다.

그 전략이 검증된 전략이라면 말입니다. 보통 투자를 시작하면 독서를 통해서든 미디어 매체를 통해서든 특정한 투자 스타일이나 전략을 받아들이고 본인의 투자에 접목시키게 됩니다. 그것이 역사적으로 데이터상으로 검증된 전략이라면 대부분의 전략은 일관성만 유지하면 수익을 가져다줍니다.

하지만 대부분의 투자자는 일관성을 유지하지 못합니다. 명확한 투자 철학을 정립하지 못한 투자자들은 일관성의 문제를 생각하지 못하고 전략을 수정하는 경우가 많습니다.

단기 투자를 시도했다가 매수해서 물리면 장기 가치투자자가 되고, 성장주 투자를 했다가 하락 구간에 버티지 못하고 가치주 위주로 포트폴리오 구성을 전환시키는가 하면 매수/매도, 포트폴리오 관리 등 뭐든 일관성이 없게 이것저것 좋다고 하는 것들을 마구 접목시키는 경우가 많습니다.

일관성을 유지하십시오.

왜 일관된 투자 전략을 구사하는 게 중요할까요?

우선 투자의 기본은 사이클을 이해하는 데서 시작됩니다. 투자는 사이클입니다. 즉, 투자의 세계에서는 올라가면 내려가고 내려가면 올라갑니다. 끊임없이 성장만 할 것 같던 테슬라도 하락합니다. '킹달러'라고 칭송받던 달러도 내려갑니다. 경기도 마찬가지입니다. 침체가 있으면 활황이 있습니다. 금리도 끝이 있습니다. 올라가면 언젠가 반드시 내려갑니다. 반대로 하락에도 끝이 있습니다. 끝없이 내려가는 주가도 언젠가는 하락을 멈추고 상승세로 바뀌게 됩니다. 영원한 상승도 하락도 없습니다.

내가 어떤 투자 전략을 구사하든 오르는 구간에만 투자할 수가 없습니다. 실제로는 나쁜 성과를 견뎌내야 하는 구간이 대부분입니다. 천장 3일, 바닥 100일이라는 주식 격언을 생각해 봅시다. 달리는 말에 올라타는 형국인 추세 추종 투자를 하지 않는 이상 대부분의 투자 스타일도 사실은 나쁜 구간을 견뎌 내는 것이 필수적입니다.

결국, 내가 어떠한 투자 전략을 구사하든 간에 단기간 내에 성과가 따라오는 것은 운의 힘이 작용할 때가 많습니다. 일관적이고 성공적인 투자 철학을 정립하려면 나쁜 구간을 견뎌 내는 인내심이 필요합니다. 투자에서 인내심만큼 훌륭한 자질은 없습니다. 물론 그것은 아집이나 확증 편향이 아니어야 하죠. 투자의 세계에서는 확신만큼 유연함도 중요합니다.

그러나 투자자의 마인드셋은 어찌하든 일관적이고 독자적인 투자 전략을 구사할 준비가 되어있어야 합니다.

시장의 트렌드를 따라가는 것은 곧 군중의 일원이 되겠다는 것이며 시장보다 못한 수익을 내겠다는 말과 같습니다.

시세와 대중에서 멀어지고 독자적이 되어야 하며 인내심을 갖추어야 합니다. 본인의 투자 기질을 잘 이해하신 다음, 투자 전략을 신중하게 선택하시고 끝까지 일관성 있게 구사하시기를 바랍니다.

제게 분명한 것은 단순히 투자 상태를 유지하는 것이
단연코 '가장 중요한 일'이라는 점입니다.

– 하워드 막스 인터뷰 中

수익 크기가
수익률보다 중요하다

투자는 기본적으로 '손익비 게임'입니다. 이 점을 반드시 명심하시길 바랍니다. 즉, 승률보다는 수익을 낼 때 크게 내는 것이 더 중요합니다.

내가 확신하는 종목은 주가가 할인되어 거래될 때 최대한 많이 사 놓아야 합니다.

이때 주가가 계속해서 내려가더라도 평정심을 유지할 수 있으려면, 일단 그 종목에 대해서 매우 잘 알아야 하며 안전 마진이 확보되어 있어야 하겠죠.

찰리 멍거는 훌륭한 투자자의 자질에는 공격과 방어의 기막힌 조합이 필요하다고 말했습니다. 대부분의 시간에는 방어적인 것이 좋지만 좋은 기회가 왔을 때는 과감하게 공격에 나서야 합니다. 투자는 결국 손익비가 좋아야 하는 것이죠.

좋은 투자 아이디어는 드물다는 것을 기억하십시오.

이길 확률이 정말 높다면, 크게 베팅하셔야 합니다.

안전 마진은 다음과 같이 구할 수 있다.

(기업의 내재 가치 - 지금 주가 수준에서의 기업 가치) / 기업의 내재 가치
ex) 내재 가치 1,000억, 현재 가치 700억이라고 하면(1,000억 - 700억) /
1,000억으로 안전 마진은 30%가 된다.

이 안전 마진을 구하려면 기업의 내재 가치를 먼저 계산할 수 있어야 한
다. 기업의 내재 가치는 크게 2가지 방식으로 접근할 수 있다. 이 기업이
미래에 얼마나 벌어들일까를 바탕으로 한 기업의 수익성으로 내재 가치를
판단하거나 그게 아니면 기업이 보유한 자산의 가치로 내재 가치를 평가
하는 것이다.

더 정확히 말하자면 앞으로 이 기업이 미래의 남은 기업 존속 기간에 벌어
들이는 현금 흐름에 할인율을 적용한 가치를 평가하거나,

· 순현금
· 순운전자본
· 순유동자산가치
· 유형순자산가치

등의 자산 가치로 기업의 내재 가치를 평가한다고 말할 수 있다. 혹은 각각 구해 더해도 된다. 투자자들은 이러한 것들이 있다 정도만 알고 넘어가도 충분하다.

중요한 것은 이것이다. 이 기업의 가치가 '자산'에서 나오는지 혹은 '수익 창출력'이나 '성장성'에서 나오는지를 판단하고 거기에 포커스를 맞추는 것, 그다음으로 이러한 가치 평가 계산과 결과들은 정밀한 과학이 아니기 때문에 투자자 입장에서는 숫자보다는 기업 자체의 퀄리티와 정확하지는 않아도 충분히 합리적인 가격에 매수하는 것에 신경을 쓰는 것이 훨씬 더 중요한 요소라는 점이다.

남들과
비교하지 않는다

특정 구간에서 항상 나보다 우수한 성과를 거둔 사람이 존재하기 마련입니다. 우리의 목표는 장기간에 걸쳐서 승자가 되며 잃지 않는 투자를 하는 것이지, 구간마다 1등을 하는 것이 아닙니다. 남들과 투자를 비교하지도, 성과가 좋은 자의 투자 스타일을 따라 하지도 마십시오.

자신의 투자 스타일을 일관되게 유지하십시오.

찰리 멍거의 이 말을 기억하면 도움이 될 것입니다.

남들이 나보다 돈 좀 많이 버는 그게 뭐라고!

보통 성과가 크게 나면 다음 구간에는 성과가 안 좋을 확률이 높습니다. 시장의 모든 구간에서 초과 수익을 거두기는 어렵습니다.

우리의 목표는 장기 수익률이지 구간 수익률이 아님을 명심하십시오. 시장에서 타인의 성과나 목소리는 대개는 소음입니다. 오로지 시장의 목소리에만 귀를 기울이시는 것이 좋겠습니다.

그리고 투자자는 늘 겸손해야 합니다. 몰라야 합니다. 시장을 이기려고 애쓰지 않습니다. 느긋한 태도로 평정심을 가지고 시장을 대해야 합니다. 저는 세력이란 말을 싫어합니다. 보통 기술적 분석 책 등을 보면 소위 말하는 '세력의 흔적'을 찾으라는 말이 많습니다. 이렇게 투자하는 것은 남의 꽁무니를 따라다니는 수동적인 투자입니다. 본인이 투자의 주체가 되어야 하고 본인의 의사 결정이 중요한 것입니다.

본인만의 투자 스타일을 확립하시고 능동적인 투자를 합시다.

$ 투자 꿀팁

✓ 찰리 멍거는 다음과 같은 기업에 투자하기 좋아한다.

· 이해할 수 있는 기업

· 지속적인 경쟁 우위를 가지고 있는 기업

· 유능한 경영진이 이끄는 기업

· 안전 마진이 확보된 기업

주식 시장은
월급 받는 곳이 아니다

반드시 마음에 새겨 두어야 할 조언입니다. 많은 특히 초보 투자자들이 하는 실수입니다. 그들은 매일 시장에 머물러 있습니다. 그리고 매월 일정한 수익을 거두기를 기대합니다.

이 관념을 반드시 때려 부수십시오. 다시 강조합니다. 자주 매매를 할 수 있는 기회를 줄 만큼 시장이 호락호락하지 않습니다. 시장은 벤저민 그레이엄이 표현한 '미스터 마켓'이라는 별명에서 엿볼 수 있듯이, 변동성이 없이 느긋하게 우상향하는 곳도 아니며 이랬다저랬다 감정적이고 늘 요동칩니다.

시장의 다른 악명 높은 별명도 기억하시길 바랍니다.

> **The great humiliator: 거대한 능욕자**

시장은 매우 변덕이 심해서 투자자 여러분의 심리를 박살 낼 것이며 가장 싼 값에 매도하고 가장 비싼 값에 매수하게 만들 것이며 끊임없이 투자자를 흔들 것입니다.

일정한 수익률을 기대하지 마시고 매일 투자를 해야 한다고 생각하지 마시기 바랍니다. 투자를 두려워해야 합니다. 투자는 절대 쉬운 것이 아닙니다.

투자에는 반드시 나쁜 구간이 있음을 알고 대응해야 합니다. 즉, 변동성을 이해하십시오. 느긋하게 대응하고 변동성을 우리의 편으로 만드십시오.

오로지 장기 수익률을 추구하십시오.

포트폴리오 평가액은 수시로 오르고 내린다고 봐야 한다.

– 벤저민 그레이엄, 『현명한 투자자』 中

투자는
불확실성의 세계다

투자는 기본적으로 불확실성의 세계입니다. 그리고 정답도 없습니다. 과학이 아닙니다. 미래는 대개 예측한 대로 흘러가지 않습니다.

독자 여러분은 스스로 투자에 대해서 얼마만큼 안다고 확신하고 계시나요?

하워드 막스는 투자자에는 두 가지 부류가 있다고 말했습니다. 내가 안다고 생각하는 부류, 내가 잘 모른다고 생각하는 부류.

어느 쪽이 정답이라고 생각하시나요?

매년 오하마에서 열리는 버크셔 해서웨이 주주총회에서 워런 버핏과 찰리 멍거가 질문을 받을 때 하는 말이 있습니다. 특히나 앞으로의 시장 전망에 관한 질문이나 기술주에 관한 질문을 받으면 이렇게 대답하고는 합니다.

"나는 모릅니다."

저는 이 말이 그렇게 멋있을 수가 없습니다. 투자자는 모른다고 생각해야 합니다. 많은 것이 불확실합니다. 그러나 그 속에서도 불확실성을 줄여나가는 것이 투자자의 능력이기도 합니다.

매 분기 발표되는 빅테크 실적은 어떠한가요? 세계 모든 사람이 알고 있는 1등 기업들의 분기 실적도 늘 대개 예측과 다릅니다. 심지어 회사 CEO도 틀리고, 회사 자체의 가이던스(Guidance)도 전망을 빗나가는 경우가 허다합니다. 분기 실적도 이러한데, 장기 실적 예측은 어떠할까요?

기본적으로 투자자는 모른다는 마인드셋을 가지고 가는 것이 좋습니다. 그래야 방어적 투자를 할 수 있습니다. 경험이 없는 투자자일수록 방어적으로 가는 것이 좋습니다. 투자의 기본은 잃지 않는 것입니다. 잃지 않으면 복리 효과가 발휘됩니다.

대박을 노리지 마십시오. 쪽박을 차지 않아야 됩니다.
그리고 불확실성에는 쉽게 투자하지 마십시오.

내가 어떤 정보를 접하고 투자를 결정했을 때, 그 투자 정보가 불확실한 것이라면 리스크가 큰 것입니다.

미래에 대한 낙관적인 전망, 주가를 띄울 만한 재료에 대한 막연한 기대감 등에 기반해서 투자를 결정하면 안 됩니다. 하지만 대개는 이러한 것들에 투자하는 경우가 많습니다. 심지어는 관련주라는 이유로 실제로는 기업의 이익과 크게 상관관계가 없음에도 불구하고 쉽게 매수한다거나 불확실한 재료에 대한 기대감으로 쉽게 매수하는 경우가 많습니다.

확실한 것에만 투자하십시오.

전망이나 예측, 기대감 등이 매매의 기준이 되어서는 안 됩니다. 불확실하기 때문입니다.

확실한 '가치'가 매매의 기준이 되어야 합니다.

기업의 기본적 분석을 할 때 이 기업의 무엇이 '확실'하고 무엇이 '전망이나 예측'인지를 구분하시기 바랍니다.

💲 **투자 꿀팁**

안전 마진을 확보하라.

✓ **가치 투자의 아버지라 불리는 벤저민 그레이엄이 주장하는 안전 마진이 있는 주식**

· 가격이 내재 가치의 2/3 이하로 내려온 저평가 비우량주

· 평범한 주식이지만 충분히 가격이 내려온 주식

✓ **캐나다의 워런 버핏이라 불리는 피터 컨딜의 안전 마진 주식**

· 주가가 장부가 이하인 주식, 특히 장기부채를 차감한 순운전자본 이하인 경우

· 주가가 전고가의 1/2 이하인 경우, 특히 역대 최저가 근처인 경우

· PER 10 이하 주식

· 꾸준한 이익을 내고 있으며 최근 5년간 이익이 증감 추세인 주식

· 배당금이 지급되고 있으며 배당금이 증가하는 주식

가장 사업처럼 하는 투자가 가장 현명한 투자다.

– 벤저민 그레이엄 『현명한 투자자』中

평균 회귀, 가장 본질적인
시장의 흐름

'추세와 친구가 되라'는 시장 격언이 있습니다. 그 기업의 본질적인 펀더멘탈이 어찌 됐든 주가의 흐름으로 나타나는 방향성을 무시하면 절대 안 된다는 말입니다. 상승 추세에 있는 종목은 거품이 꼈다 하더라도 단기간에는 상승할 확률이 높게 마련이고, 하락 추세에 있는 종목은 심하게 저평가되어 있다 하더라도 단기간으로는 하락할 확률이 더 높은 것입니다. 보통 주가의 바닥과 고점은 과소평가 되는 경향이 있습니다. 즉, 주가는 우리가 생각하는 것보다 훨씬 심하게 하락할 수 있고, 충분히 많이 상승했다 하더라도 더 상승 시세를 이어갈 수 있는 것입니다.

그렇기 때문에 '물타기'가 전략적으로 실패할 가능성이 높은 것입니다. 내리는 자산은 계속 내리고, 오르는 자산은 대개는 더 오르는 경우가 많습니다.

따라서 투자자들은 이 추세를 무시하면 절대 안 됩니다. 추세는 관성의 법칙입니다. 투자자들이 이 추세에 현명하게 대응하는 방법은 내리는 자산은 리스크 관리를 매우 철저하게 해 주고, 오르는 자산은 좀 내버려 두는 것입니다. 기본적으로 추세를 거스르지 마십시오.

그러나 이 추세보다 더 우월한 개념이 있으니, 그게 바로 '평균 회귀'입니다.

이 개념의 데이터 증명이나 구체적 사례를 접하고 싶다면 토비아스 칼라일의 『Deep Value 딥 밸류』란 책을 읽어 보시길 권해 드립니다.

이 책에서는 간단하게 사례로 한번 생각해 보겠습니다.

아래의 표를 보겠습니다.

〈기업 A〉 매년 20%씩 꾸준히 성장

년도	2018	2019	2020	2021	2022	2023(E)
영업이익 (억)	100	120	144	172	207	?

〈기업 B〉 일정한 이익 발생

년도	2018	2019	2020	2021	2022	2023(E)
영업이익 (억)	200	220	210	200	210	?

A와 B, 둘 중 어떤 기업에 투자하고 싶으신가요?

아마도 제 판단에는 A라는 기업에 투자하고 싶다는 투자자가 많을 것 같습니다.

여기에는 투자자들이 간과하기 쉬운 2가지 함정이 있습니다.

먼저 A 기업. 꾸준히 지난 5년 동안 20%씩 성장을 보여 주고 있습니다. 그러면 우리는 너무나 쉽게도 이 기업이 다음 해에 다시 20% 성장을 한다고 가정한다는 것입니다. 이것이 첫 번째 함정입니다. 기업의 성장은 한계점이 있고 경쟁 우위는 늘 침범당합니다.

따라서 꾸준히 성장한 기업이라도 꺾이는 순간이 오기 마련입니다. 반대로 실적이 박살 난 기업이라도 그 기업의 어떤 본질적 경쟁 우위를 잃지 않았다면 다시 올라오게 되어 있습니다. 즉, 시장 전체로 보면 평균 회귀의 개념이 작동합니다. A라는 기업의 성장이 꺾이는 순간이 찾아오면 어떻게 될까요? 지금 A라는 기업은 지난 몇 년 동안 고성장해 왔으므로 고밸류를 받고 있을 가능성이 상당히 높습니다. 이런 상황에서 실적이 꺾인다면? 주가가 반토막 나는 것은 일도 아닙니다.

반면에 B라는 기업은 시장에서 소외당하고 있을 확률이 높습니다. 성장을 못 하니까요. 그러나 우리는 B라는 기업이 매년 200억을 꾸준히 벌고 있음에 주목해야 합니다. 이것이 두 번째 함정입니다.

결론적으로 투자자들은 항상 아래의 점을 유의하는 것이 좋습니다.

· **실적 전망이나 장밋빛 성장을 당연하게 생각하면 안 됩니다. 늘 보수적이어야 합니다.**
· **추세를 무시하지 말되, 평균 회귀를 늘 염두에 두어야 합니다.**

여기까지 정리 한번 해 보겠습니다.

첫째, 추세는 무시하면 안 된다고 했습니다. 따라서 하락 추세보다는 상승 추세의 종목이 좋습니다.

둘째, 추세보다 더 우월한 개념은 평균 회귀입니다. 따라서 꾸준히 성장해 온 기업이 앞으로의 성장도 보장받는 것은 아닙니다.

성장은 도전을 받습니다. 그러나 여기에도 한 가지 좋은 돌파구가 있습니다. 경쟁 우위가 쉽게 침해받지 않는 '질 좋은 성장'이 있습니다. 그것이 바로 경제적 해자입니다. 경제적 해자의 개념은 매우 중요하므로 뒤에 따로 설명하도록 하겠습니다.

추세를 친구로 삼되 평균 회귀 개념을 잊지 마십시오.

운의 영역을
이해하라

투자에서 과연 운은 얼마나 중요할까요?

운에 대한 생각을 정리해 봤습니다. 혹자는 투자는 운의 영역에 가깝다고 말하고, 혹자는 실력이 다라고 이야기합니다. 필자가 생각하는 건 이렇습니다.

투자를 과정 / 운 / 결과의 영역으로 나누어 보겠습니다.

과정	운	결과	주의사항
bad	good	good	확증편향조심
good	good	great	자만금지
bad	bad	so bad	좌절하지 않기, 투자복기
good	bad	bad	일관성유지, 투자철학과 과정 복기

예를 들어 과정이나 투자 철학이 나쁘거나 그저 그렇더라도 일단 운이 좋으면 결과는 좋을 가능성이 매우 높습니다. 이 경우에는 본인이 운이 좋았음을 '아는' 것이 매우 중요합니다. 하지만 대부분의 경우에는 성과의

우수함을 투자 실력의 우수함으로 연계시킬 가능성이 높습니다.

반대로 투자 로직과 아이디어는 맞아도 운이 나쁘다면 결과는 안 좋을 가능성이 상대적으로 높습니다. 이때는 과정을 복기해 보고 문제가 없었다면 일관성을 유지하는 것이 중요합니다.

특히 단기간에 투자 성과에 집중해서 보면 더 그렇게 됩니다.
이 단기간은 어떻게 보냐에 따라 다르겠지만 1~2개월의 짧은 시간이 아닌 연 단위의 긴 시간이 될 수도 있는 것이죠.

중요한 것은 투자에는 운의 영역이 매우 크게 작용한다는 것을 인지하는 것입니다. 장기간으로 투자의 지평을 늘게 되면 운의 영역은 점점 줄어들게 됩니다. 내 투자 로직이 훌륭하지 않음에도 운이 좋아 성과가 좋았다면 그러한 운이 장기간에 걸쳐서 지속적으로 나타나기는 쉽지 않은 것입니다.

대수의 법칙이 작용하게 되는 것이죠. 즉, 시간을 장기 지평으로 늘릴수록 투자자의 실력이 드러나게 됩니다.

그러니 투자자들은 단지 성과로 투자를 복기하면 안 되며, 운의 영역이 얼마만큼 작용했는지 그리고 내 투자 로직에는 문제가 없었는지를 살피는 것이 더 중요합니다.

내 투자 로직에 큰 빈틈이 없었음에도 불구하고 대응하기 힘든 운의 영역으로 성과가 좋지 않았다면 이것 또한 인지하고 투자의 일관성을 유지하는 것이 중요하고 내 성과가 좋았지만 운이 크게 작용한 것 같다면 그

속에 큰 리스크는 없었는지 돌이켜 봐야 합니다.

특히, 종목을 분산하면 할수록 이러한 운의 요소가 작용할 여지는 점점 줄어들지만 집중 투자일수록 이런 운의 영역은 더 크게 작용하게 됩니다.

정리해 보자면, 단기간에는 운의 영역이 크게 작용함을 인지하고, 올바른 투자 철학을 구축하는 데 힘쓰고 일관성을 유지하면서 성과는 철저히 운과 로직의 영역을 구분해서 평가해 맞는 철학은 유지하고 잔 실수는 제거해 나가는 것입니다.

그리고 간혹 오는 정말 확신 있고 훌륭한 투자 아이디어가 왔을 때는 과감하게 집중하는 것이죠.

이러한 케이스가 운도 따라 주게 되면 소위 계좌가 빅 점프를 하게 되는 티핑 포인트(Tipping point)가 되는 것입니다.

변동성은
좋은 것이다

사람들은 대부분 변동성을 '위험'이라고 받아들이는 경향이 강합니다. 뉴스에서도 '변동성'이라는 단어를 접하면 이 단어는 대부분의 경우에 시장에서 부정적인 느낌으로 받아들여지곤 합니다.

변동성은 위험이 아닙니다. 한번 살펴보도록 합시다.

여기 두 투자 대안이 있다고 가정해 봅시다. 기준 가격은 100입니다.

A는 90~110 사이에서 가격 변동성을 가집니다.

B는 50~200 사이에서 가격 변동성을 가집니다.

여러분은 어느 자산에 투자하고 싶으신가요?

사람들이 변동성을 위험이라고만 흔히 착각하는 이유는 '하방 변동성'만을 생각하기 때문입니다. 즉, 변동성이라는 말을 접하면 크게 떨어질 가능성이 있겠다는 말로 받아들입니다. 그러나 상방 변동성도 변동성입니다. 게다가 상방 변동성은 하방 변동성보다 더 크게 나타날 수 있습니다. 손실은 아무리 커 봤자 100% 미만이지만 수익은 더 커질 수 있기 때문입니다.

증시에서는 이 변동성이 단순한 룰로 적용됩니다. 많이 내려가면 많이 올라갈 수 있습니다. 반대도 성립합니다. 많이 올라가면 많이 내려갈 수 있습니다.

코로나, IMF, 리먼 사태 같은 증시의 폭락 구간을 떠올려 봅시다. 이때 큰 부를 이룬 투자자들이 많을 것입니다. 역사적으로도 큰 증시의 대 상승 구간은 대개 증시의 폭락 구간 이후에 찾아옵니다. 즉, 변동성은 위험이 아니라 기회입니다. 단지 그것을 알고 적절히 대응하는 자에게만 허락되는 기회인 것입니다.

투자자들도 경험적으로 투자하다 보면 이를 쉽게 깨달을 수 있습니다. 주식 투자를 하면서 100% 이상의 큰 수익률을 기록하기는 상당히 어렵습니다. 보통 이런 종목들은 증시의 급락 구간에 잘 매집했던 종목들인 경우가 많습니다.

변동성을 두려워하지 마십시오. 한국은 기본적으로 변동성이 큰 시장입니다. 박스권이라고 불평하는 투자자들도 많습니다. 그러나 우상향하지 않고 큰 변동성으로 사이클을 그리며 아래위로 움직이는 증시는 이 변동성을 잘 알고 대응하는 이들에게는 많은 기회를 가져다줄 수 있습니다.

개별 종목을 거래할 때도 변동성은 좋은 것입니다. 성공적인 트레이더들은 소위 '인기 종목', 즉 거래량이 활발한 종목을 항상 거래합니다.
이런 종목을 거래하면 끊임없이 주가가 아래위로 크게 움직이므로 언뜻 생각하기에는 위험이 커 보입니다.

예를 들어 어떤 종목의 주가가 10,000원일 때 거래량이 활발한 상태라고 가정해 봅시다.

이때는 설령 내가 좋지 못한 가격에 진입하더라도 변동성이 있기에 내가 산 가격 위로 주가가 올라가는 구간이 존재할 확률이 높습니다.

반면에 거래량이 없는 종목은 10,000원일 때 매수했지만 시장이 안 좋다면 계단식으로 흐르면서 10,000원 위로 다시는 올라오지 않습니다.

즉, 얼핏 보기에는 변동성이 위험처럼 느껴지지만 실상은 그렇지 않은 것입니다. 거래가 되지 않는 것이 더 위험합니다.

변동성을 받아들이고 적극적으로 이용해 봅시다.

> "
> 변동성은 예측 지표가 아니고,
> 상승 변동성을 얻으려면 하락 변동성도 떠안아야 하며
> 장기적으로는 상승 변동성이 더 자주 발생한다.
> 따라서 변동성을 기꺼이 떠안아야 한다.
> – 켄 피셔, 『주식 시장의 17가지 미신』 中
> "

항상 제로베이스에서
시작해라

매일 매일이 같습니다. 투자자는 매일 제로베이스의 관점에서 투자를 해야 합니다. 데이터를 보면 주식 투자를 하는 사람 중 장기적으로 손실을 보는 사람의 비중이 90%를 넘는다고 합니다. 그만큼 주식 투자는 어렵습니다. 보통 투자에서 큰 손실을 입게 되면 투자자들의 목표 자체가 '원금 회복'으로 바뀌는 경우가 많습니다.

새로운 종목을 매수할 여력도 크게 없고, 포트폴리오 내에 대부분의 종목은 크게 물려 있습니다. 이 돈을 손절할[1] 용기도 시장에 자신감도 없는 상태입니다. 그저 시장이 크게 올라 주어 크게 물린 종목들을 탈출하고 원금 회복을 하고 싶은 마음뿐입니다.

이러한 마음 상태로는 올바른 투자 전략을 구사할 수 있을 리가 없습니다. 대부분은 그냥 적절히 물타기를 해 가며 한 종목, 한 종목 올라오는 대로 탈출을 시도하고자 합니다.

---

1) 본래의 용어는 손절매(損切賣)이지만, 현장에서 주로 '손절(익절)'이라 줄여 말하는 추세에 맞추어 본서에서는 손절(익절)로 표기한다.

완전히 잘못된 전략입니다.

아무런 투자 스타일도 방향성도 일관성도 없습니다. 얼마나 잘못된 전략인지 조금만 살펴보도록 하겠습니다.

우선 종목을 판단하는 기준이 내 계좌에 찍힌 수익률이 되어서는 안 됩니다. 시장은 내가 얼마에 샀는지 알지 못합니다. 종목을 판단하는 기준이 시장의 반응이어야 하는데 내 계좌의 수익률이 기준이 되는 것이죠.

'본전이 오면 탈출한다.'도 잘못된 생각입니다. 시장이 회복하는 경우에 가장 본전으로 빠르게 오는 종목이 가장 좋은 종목일 거라는 생각은 들지 않으십니까? 그 종목이 가장 좋은 종목일 가능성이 매우 높습니다.

본전에 오는 족족, 원금 회수를 진행한다면 가장 좋은 종목들을 가장 먼저 쳐내고 최악의 종목들을 마지막까지 계좌에 남겨둘 확률이 점점 높아지는 것입니다.

이런 투자를 하면 안 되겠습니다.

오히려 시장이 회복될 때 가장 빠르게 올라오는 종목들이 주도주가 될 확률이 높으므로 이런 종목들은 본전이 됐다고 매도를 할 게 아니라 일시적 눌림이나 조정을 거치더라도 안 되는 종목을 팔아서 더 살 생각을 해야 합니다. 그래야 계좌가 회복될 수 있습니다.

매일 매일의 시세를 관찰하며 내가 가지고 있는 종목들이 시장과 비교해서 시장을 이겨내는지, 아무런 힘이 없는지, 매도세와 매수세를 차분히 지켜보십시오.

그리고 매수세가 매도세를 이기는 흐름이 감지되고 거래량도 증가하기 시작한다면 이 종목에는 자신감을 가져도 좋습니다. 내 계좌에 찍힌 수익률은 잊어야 합니다.

기준은 오로지 시장입니다.

매일 매일의 시세를 잘 관찰해서 보십시오. 그러나 이것이 매일 매일의 시세에 따라 판단을 하고 매매 결정을 해야 한다는 것은 아님을 명심하고, 전체적인 방향성과 힘의 균형을 보라는 이야기입니다.

올라가고자 하는 힘의 균형이 느껴진다면 그 종목은 단기간 변동성이 있더라도 결국 올라가게 되어 있습니다. 올라가는 종목을 밀어주십시오. 내려가는 종목은 피하십시오. 그리고 항상 제로베이스에서 시작하십시오. 투자는 미래를 바라보는 사람의 것입니다.

포지션은
만들어 가는 것이다

지금부터 여러분이 큰 자금을 굴리며 투자도 성공적으로 해 온 투자의 거장이라고 생각해 봅시다.

자, A라는 종목을 매수하기로 결심했습니다. 어떻게 매수하면 좋겠습니까?

내가 투자하기로 마음먹었으므로 바로 모든 투자금을 일시에 매수해야 할까요? 아닐 것입니다. 좋은 기회를 기다리면서 조금씩 매집하며 포지션을 점진적으로 구축하려 할 것입니다. 그러다가 증시의 폭락 같은 좋은 기회가 오면 적극적으로 대량 매집할 것입니다.

이렇게 좋은 포지션을 만들어 나간다는 생각으로 매수해야 합니다. 큰 금액을 투자하지 않더라도 말입니다.

보는 관점이 다릅니다.
투자의 대가들과 조금 현명하지 못한 투자자의 관점을 비교해 보겠습니다.

- 점진적으로 포지션을 구축한다.
- 평단 관리에 공을 들이며 리스크를 생각한다.
- 좋은 기회가 왔을 때는 크게 베팅할 수 있다.
- 일관적이고 독립적인 자신만의 투자 전략을 구사한다.
- 과도하게 거래하지 않는다.
- 기회를 기다린다.
- 과정에 집중한다.
- 확실한 가치에 집중한다.
- 모른다고 생각한다.

☑ 현명하지 못한 투자자

- 마켓 타이밍을 맞추려 한다. 즉, 계속 시점 선택만을 노리고 있다.
- 전체적인 포트폴리오 내에서의 균형을 고려하지 않는다.
- 결과에 집중한다.
- 가능성에 집중한다.
- 안다고 생각한다.

투자자는 항상 '매수', '매도'의 관점에서 종목에 접근하기보다는 전체적인 포트폴리오 내에서 이 종목의 위치와 리스크를 생각하고 점진적으로 포지션을 만들어 나간다는 생각으로 매수에 임하는 것이 좋습니다.

> **누구나 배울 수 있는 최고의 투자 법칙 하나는
> 아무것도 하지 않는 것이다.
> 정말 아무것도 하지 않는 것이다. 뭔가 할 일이 생길 때까지.**
>
> – 짐 로저스

> **개인 투자자에 대한 나의 최선의 조언은 두 가지로 요약된다.
> 인내하라. 탐욕을 부리지 말라.**
>
> – 피터 컨딜

WISE

INVESTMENT

PHILOSOPHY

제 2 장

투자 관점의
이해

가격과 가치 사이의 관계를 이해하라

우량주라고 해서 반드시 좋은 주식이 아닙니다. '싸게' 살 수 있을 때 '나에게' 좋은 투자가 되는 것입니다. 테슬라, 아마존, 삼성전자, 애플 등의 우량주에 투자한다고 해서 내 투자가 우수해지는 것이 아닙니다. **이 주식들의 '어느 구간'에 투자하는지가 투자 성과를 결정하는 것입니다.** 즉, 소위 말하는 잡주들도 정말 싼 가격에 투자해서 좋은 성과를 거둘 수 있으면 그 주식이 나에게는 황금주가 되는 것입니다.

가격과 가치 사이의 관계를 이해하는 것이 핵심입니다. 투자 경험이 짧을수록 이를 구분 짓지 못하는 경향이 있습니다. 예를 들어 투자자가 선택할 수 있는 10가지의 종목이 있다고 가정했을 때, 초보 투자자들은 '우량주' 위주로 주식을 고르는 경향이 있습니다. 예를 들어 마지막 선택지로 '삼성전자'와 '○○코퍼레이션'이라는 잘 알려지지 않은 기업이 있고 비교 우위가 비슷해 보인다면 삼성전자를 쉽게 택한다는 것입니다.

사실 이런 것들이 투자에는 전혀 도움이 안 됩니다. 손실이 나면 더 문제입니다. '삼성전자'라는 이름이 주는 우량주라는 인식이 손절이나 리스크 관리라는 옵션은 아예 고려하지 않게 만들기 때문입니다. 그렇기 때문에 주위에서 이런 경우를 많이들 보실 겁니다. 포트폴리오를 보면 전부 우량주입니다. 그런데 전부 물려 있습니다. 왜일까요? 가격과 가치 사이의 관계를 잘 고려하지 못하기 때문입니다. 우량주라는 개념을 생각하기보다는 항상 이 회사가 가지고 있는 가치에 비해서 얼마만큼 평가받고 있는지만 고려하십시오.

투자자들의 성과는 얼마나 가치에 비해 저평가된 자산을 찾느냐에 달린 것이지 객관적으로 우수한 좋은 자산을 찾는 것이 아님을 기억하시면 좋겠습니다.

경제적 해자를
고려하라

장기적 성공 투자를 향한 본질은 기업의 경제적 해자를 찾는 데 있습니다. 본디 주가는 기업이 벌어들이는 미래의 현금 흐름을 따라갑니다.

기업의 미래 현금 흐름의 장기적이고 지속적인 우위는 결국 숫자에 기반한 것이 아니라 기업의 경쟁 우위가 어디에 있느냐, 그리고 그 경쟁 우위가 지속될 수 있느냐에 기반합니다.

즉, 경제적 해자를 파악하는 것이 핵심이며 이런 기업이 장기 투자의 대상이 됩니다. 경제적 해자의 핵심적인 4가지 해자를 간략히 살펴보겠습니다. 참고로 이 경제적 해자에 관해 더 알고 싶으신 분은 팻 도시의 저서 『경제적 해자』를 구매하셔서 꼭 읽어 보시기 바랍니다. 제가 이제 간단히 요약하는 내용도 이 책의 내용을 요약한 것에 가깝습니다.

» 무형 자산
브랜드, 특허, 법적 라이선스 등이 있습니다.

우선 브랜드부터 보겠습니다.

흔히 인기 있는 브랜드가 해자를 가지고 있다고 착각하기 쉽습니다.

그러나 이는 흔한 착각입니다. 다른 브랜드로 쉽게 대체될 수 있으면 진정한 해자가 아닙니다. 판단하는 방법은 그 브랜드라는 네이밍만 가지고도 "프리미엄이 지불되는가?"의 여부입니다.

즉, 예를 들어 애플 로고가 붙어 있다면 기능과 디자인이 똑같은 제품이라도 소비자들이 기꺼이 애플 제품에 프리미엄을 지불하고 구입한다면 그 기업은 해자를 가지고 있다고 볼 수 있습니다.

두 번째, 특허.
특허도 당연히 해자가 됩니다. 하지만 특허의 영역도 침범당할 수 있습니다. 따라서 특허는 특허 포트폴리오가 다양하고 오랜 기간 꾸준히 혁신을 달성해 온 근거가 있는 회사들만 '특허 해자'가 인정됩니다.

세 번째, 법적인 규제.
한국전력을 생각하시면 됩니다. 아무나 전력 산업을 영위할 수 있지 않습니다. 채권 평가 업체나 카지노 사업 등도 마찬가지입니다. 법적인 규제가 있는 산업이죠. 쓰레기 처리 회사도 강력한 예시 중 하나입니다. 지방정부의 수십 개의 작은 승인으로 만들어진 해자에 보호받고 있으며 새로운 기업으로 대체되는 경우는 드뭅니다.

» 전환 비용
은행 생각하시면 딱 맞습니다. 이자율 더 준다고 주거래 은행을 바꾸지 않습니다.

마이크로소프트의 윈도우 같은 제품도 해당합니다. 기능상으로 더 우월하고 싼 제품이 있더라도 쉽게 대체되지 않습니다. 고객들이 경쟁자의 제품이나 서비스를 사용하기 어렵게 만드는 기업은 전환 비용을 만듭니다. 고객이 다른 회사로 이동할 가능성이 낮아지면 회사는 더 높은 가격을 받을 수 있으므로 자본 이익률이 높아지게 됩니다.

» 네트워크 효과

사용자 수가 많을수록 제품이나 서비스의 가치 자체가 증대합니다. 우리나라에서는 카카오톡이 좋은 예가 되겠습니다. 신용카드사, 온라인 경매 등도 좋은 예입니다. 예를 들어 더 혜택이 좋은 신용카드사가 있다 해도 대부분은 메이저 신용카드사의 시장 점유율을 위협하지 않습니다. 왜냐하면 그게 쓰기 편하고 어디든 다 통용되기 때문입니다.

그리고 온라인 경매에서는 이베이를 예로 들 수 있는데, 미국에서 이베이의 온라인 경매 시장 점유율은 압도적입니다. 그 이유는 무엇일까요? 먼저 들어가서 자리 선점하고 '닫힌 네트워크'를 만들었기 때문입니다.

네트워크 효과에서는 선점이 중요합니다.

반대로 이베이가 일본에서는 실패했는데 그 이유도 간단합니다. 야후재팬이 먼저 온라인 경매 시장에 자리 잡고 있었기 때문입니다.

» 원가 우위

원가에서 우위를 가져가는 방법에는 크게 네 가지가 있습니다.

· 프로세스를 우수하게 만들거나
· 유리한 위치에 있거나

· 고유한 자산을 가지고 있거나
· 규모의 경제를 이루거나

하나씩 살펴보겠습니다.

먼저, 프로세스. 즉, 공정 자체의 혁신을 통해서 원가 우위를 달성하는 방법은 상대적으로 약한 해자입니다. 왜냐면, 모방이 쉬우니까요.
좋은 프로세스라면 누구나 다 따라 할 수 있기 때문입니다.

두 번째, 유리한 입지 조건에 있는 것.
더 우월한 해자입니다. 폐기물 회사 생각하시면 되겠습니다. 멀어지면 질수록 경제적 비용은 증가합니다. 따라서 이러한 우위는 오래 지속됩니다.

세 번째, 고유한 자산을 가지고 있는 것.
독점적이고 매우 유리한 자원 자산에 대한 접근성에서 생겨납니다. 어떤 회사가 운 좋게 다른 어떤 비슷한 자원 생산자들보다 채취 비용이 낮은 자원 매장지를 소유하고 있다면 그 회사는 경쟁 우위를 가질 수 있습니다.

어떤 지리적 이점 등으로 인해 매우 낮은 원가 우위로 다른 경쟁 업체에 비해서 지속적으로 원가 우위를 실현할 수 있다면 이는 강력한 해자에 속합니다.

네 번째, 규모의 경제.
택배 회사, 자동차 제조 업체 등을 생각하시면 되겠습니다. 이런 산업은 변동 비용에 비해 고정 비용이 더 크기 때문에 아무나 쉽게 진입할 수 없고, 규모가 커질수록 이익이 커지게 됩니다.

예를 들어 엑손 모빌은 규모의 경제를 이루었기 때문에 다른 경쟁사들에 비해서 운영비를 훨씬 낮출 수 있으므로 높은 자본 이익률을 달성합니다.

그러나 꼭 큰 규모가 무조건 좋다기보다는 상대적인 규모가 크면 됩니다. 예를 들어 틈새시장을 생각해 보겠습니다.

어떤 틈새시장을 잘 독점하고 있는 회사는 다른 메이저들이 보기에 진입해도 별로 먹을 것도 없을 것 같고, 게다가 우위를 점하고 있는 회사가 꾸준히 R&D 등을 하며 제품 우위를 달성하기 위해 노력하는 경우라면 쉽게 침해받지 않습니다.

무형 자산 / 전환 효과 / 네트워크 효과 / 원가 우위

이 네 가지의 경제적 해자 개념을 반드시 기억하시기 바랍니다. 경제적 해자가 있는 기업에만 투자하십시오. 이러한 기업에 투자하는 것이 투자자분들의 장기 수익률을 높여 주고 투자를 편안하게 만들어 줄 것입니다.

참고로 이 경제적 해자들이 실제 기업에서는 어떻게 작용하고 힘을 발휘하는지는 구체적 사례들을 통해서 접하는 것이 가장 이해하기 쉽고 좋으므로 앞서 언급한 책을 구매하셔서 보시고, 이러한 경제적 해자들을 가진 한국 기업들은 어디가 있을까를 스스로 고민해 보신다면 투자에 좋은 거름이 될 것이라 생각합니다.

💲🔍 **투자 꿀팁**

기업이 경제적 해자를 갖고 있는지 확인하는 데는 과거의 자기자본 이익률(ROE/ROIC)을 확인하는 것이 좋다. 자기자본 이익률이 높다는 것은 비즈니스 모델이 본질적으로 경쟁 우위가 있다는 것을 나타낸다. 중요한 것은 이 자기자본 이익률이 과거에 어떻게 유지되어왔고, 앞으로 얼마나 오랫동안 지속될 수 있을지 점검해 보는 것이다.

성장 섹터에서
매수하라

주가가 아무리 싸도 성장하지 않는 섹터는 매력이 없습니다. 성장이 죽어있는 섹터는 기관 자금도 좀처럼 들어오지 않는 경우가 많습니다.

성장하는 섹터 위주로 포트폴리오를 꾸려 가는 것을 권해 드립니다.

성장 섹터를 매수해야 하는 이유를 살펴보도록 하겠습니다.

» 장기 투자가 가능하다

흔히 장기 투자에 대해 오해를 하는데 장기 투자는 기간을 장기간 투자한다고 해서 장기 투자가 되는 것이 아닙니다. 장기 투자를 하면 알아서 가치가 증대될 수 있는 경제적 해자가 있고 현금 흐름이 좋은 기업을 오랫동안 보유하는 것이 바로 장기 투자입니다. 투자를 하다보면 손실 구간은 피해 갈 수 없습니다. 그러나 성장 섹터 내에서 경쟁 우위가 있는 기업을 매수하면 시간은 투자자의 편이 됩니다.

» 큰 수익을 누릴 수 있다

성장주의 좋은 점은 미래 가치를 쉽게 끌어온다는 데 있습니다. 전통적인 가치주들은 밸류에 한계가 있습니다. 자동차 부품사들을 예로 들자면 이들 부품사들은 안정적인 이익 체력이 바탕이 되더라도 제조업이자 벤더라는 한계, 그리고 시클리컬(Cyclical) 산업이라는 인식 때문에 기업의 이익이 좋아지더라도 먼 미래에 다시 안 좋아질 것을 주가는 이미 반영하므로 이익이 최고치를 찍더라도 PER 기준 15~20배를 넘어가기가 힘듭니다. 유통업, 음식료, 필수 소비재 등의 섹터도 대부분 안정적인 이익 체력을 가지고 있지만 주가의 상단에 한계가 있습니다.

그러나 성장주들은 업황이 우리 사회가 그리는 방향과 일치한다면 미래의 가치들을 끌어와서 주가에 반영시킬 수 있습니다.

메타버스, 자율주행, 로봇, 인공지능 등의 섹터에서 경쟁 우위가 있고 성장하는 기업들은 20배는 오히려 싼 편에 속하고, 시세가 제대로 나거나 미래와 전망이 낙관적일 때는 멀티플 기준으로 100배를 넘어가는 일도 간혹 발생합니다. 물론 이런 경우는 주가에 거품이 끼는 것이라고 볼 수 있지만 성장 섹터에 속해 있어야지만 이런 버블도 발생할 수 있는 것입니다.

$ 투자 꿀팁

√ **필립 피셔의 15가지 성장주 투자 원칙**

1. 적어도 향후 몇 년간 매출액이 상당히 늘어날 수 있는 충분한 시장 잠재력을 가진 제품이나 서비스를 갖고 있는가?

2. 최고 경영진은 현재의 매력적인 성장 잠재력을 가진 제품 생산 라인이 더 이상 확대되기 어려워졌을 때에도 회사의 전체 매출액을 추가로 늘릴 수 있는 신제품이나 신기술을 개발하고자 하는 결의를 갖고 있는가?

3. 기업의 연구 개발 노력은 회사 규모를 감안할 때 얼마나 생산적인가?

4. 평균 수준 이상의 영업 조직을 가지고 있는가?

5. 영업 이익률은 충분히 거두고 있는가?

6. 영업 이익률 개선을 위해 무엇을 하고 있는가?

7. 돋보이는 노사 관계를 갖고 있는가?

8. 임원들 간에 훌륭한 관계가 유지되고 있는가?

9. 두터운 기업 경영진을 갖고 있는가?

10. 원가 분석과 회계 관리 능력은 얼마나 우수한가?

11. 해당 업종에서 아주 특별한 의미를 지니는 별도의 사업 부문을 갖고 있으며, 이는 경쟁 업체에 비해 얼마나 뛰어난 기업인가를 알려주는 중요한 단서를 제공하는가?

12. 이익을 바라보는 시각이 단기적인가 아니면 장기적인가?

13. 성장에 필요한 자금 조달을 위해 가까운 장래에 증자를 할 계획이 있으며, 이로 인해 현재의 주주가 누리는 이익이 상당 부분 희석될 가능성은 없는가?

14. 경영진은 모든 것이 순조로울 때는 투자자들과 자유롭게 대화하지만 문제가 발생하거나 실망스러운 일이 벌어졌을 때는 "입을 꾹 다물어 버리지" 않는가?

15. 의문의 여지가 없을 정도로 진실한 최고 경영진을 갖고 있는가?

이 15가지 원칙 중 실질적으로 1, 2, 5, 6, 14번의 5가지 원칙 정도가 개인 투자자들이 점검할 수 있으며 투자에도 중요한 영향을 끼치는 요인들입니다.

장기 투자
하지 마라

　투자의 구루(Guru)들은 모두 장기 투자를 강조합니다. 우선 장기 투자가 무엇일까에 대한 정의부터 짚고 넘어갈 필요가 있겠습니다. 장기 투자는 기간을 장기간 투자한다고 해서 장기 투자가 아닙니다. 워런 버핏이 "좋은 기업은 영원히 보유하라."라고 했던 말에는 생략된 부분이 있습니다. 버핏이 말하는 장기 투자는 기업의 경제적 해자가 확고하고 현금 흐름이 우수하며, 자기자본 이익률이 뛰어나서 이 경제적 해자가 유지된다면 시간이 끊임없이 기업의 가치를 증대시킬 수 있는 기업들에만 해당하는 것입니다 (버핏의 대표적 성공 사례로 언급되는 '시즈캔디'의 사례를 찾아보시기를 추천드립니다).

　그러나 우리나라는 이런 기업이 매우 드뭅니다. 반도체 중심의 제조업 국가라 내수 시장보다는 수출 시장이 큽니다. 그리고 반도체, 조선, 화학, 철강 등의 주요 산업들이 전부 경기와 연관되는 소위 시클리컬이기에 항상 사이클을 타고 오르락내리락합니다. 이뿐인가요? 자본 시장에서도 신흥 이머징에 속하는 우리나라는 환율이나 거시 경제의 영향을 매우 많이 받습니다. 따라서 전 세계 금융 자본이 모이고 실적 위주로 오르고 내리는 미국 증시와는 환경이 상이합니다.

우리나라에서 10년 이상의 장기 투자로 성공할 수 있던 기업은 정말로 손에 꼽을 정도입니다. 삼성전자 같은 기업이 있지만 삼성전자 같은 기업에 장기 투자하면 성공할 수 있다는 말은 사실 너무 현실과 동떨어진 말입니다.

20년 전 삼성전자는 모바일 및 반도체 분야에서 1등 기업도 아니었습니다. 일종의 생존자 편향인 셈이죠. 누구나 아마존이나 애플, 구글 같은 회사에 장기 투자했으면 큰 성과를 거둘 수 있었다는 것은 쉽게 알 수 있습니다. 그러나 투자하는 그 시점에서는 이를 알기 어렵습니다. 투자하는 시점에서는 미래에 대한 인사이트로만 장기 투자하기에 시장은 결코 만만하지 않습니다.

그리고 이런 애플, 아마존 같은 기업도 시계열을 길게 놓고 보면 연 단위로 50% 이상씩 급락하는 구간들이 존재합니다. 이런 구간은 대부분의 투자자들이 버텨낼 수 없는 구간입니다.

또, 평균 회귀라는 개념을 항상 생각해야 합니다.
애플, 아마존, 삼성전자 같은 기업은 위에서 말한 대로 경쟁에서 살아남은 1등 기업입니다. 그러나 이러한 1등 기업들이 지금의 경쟁 우위를 앞으로도 10년~20년간 유지한다는 보장은 없습니다. 대부분의 기업은 기술 혁신의 침범을 받아 성장 산업에서 사양 산업이 되기도 하고, 경쟁 기업에 경쟁 우위를 뺏기기도 하고, 정치적 규제 등으로 인한 피해를 입기도 하는 등 다양한 이유로 기업 성장의 한계를 맞이합니다.

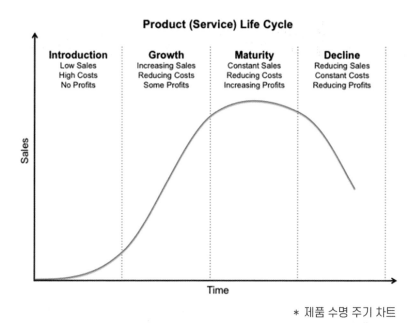

* 제품 수명 주기 차트

위 그림은 제품 수명 주기라 불리기도 하며, 기업의 수명 주기이기도 합니다. 결국 대부분의 기업은 세 번째 단계인 성숙기를 넘어서 쇠퇴기를 맞이하게 되며, 이때 새롭게 성장 동력을 마련하지 못한다면 자연스럽게 쇠퇴하게 됩니다.

즉, 대부분의 기업은 평균 회귀 개념이 작동하게 됩니다. 따라서 투자자들은 성장에 항상 의구심을 가져야 합니다. 계속 올라가면 언젠가는 내려오는 구간이 존재하게 되는 것입니다. 엔씨소프트와 LG생활건강의 장기 차트를 한번 살펴보도록 합시다. 엔씨소프트는 리니지라는 게임, LG생활건강은 중국향 수출로 인해 장기간 성장을 이룩해 온 기업입니다. 주가가 장기 우상향한 구간만을 따로 차트로 보면 어떻습니까? 이 기업들은 계속 우상향할 것만 같이 느껴집니다.

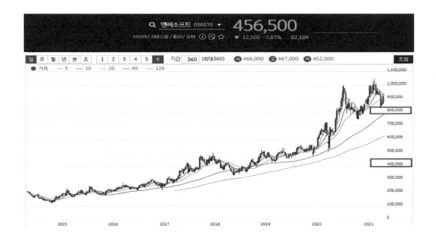

* 엔씨소프트 장기 우상향 구간 차트

* LG생활건강 장기 우상향 구간 차트

    차트로만 본다면 엔씨소프트는 기껏해야 80만 원 선, LG생활건강은
140만 원대 정도의 하락을 생각하는 것이지 실제로 이후 하락한 40만 원,
50만 원대까지의 하락은 저 시점에서는 생각하기가 어려운 것입니다.

* 엔씨소프트 장기 우상향 이후 하락 모습

* LG생활건강 장기 우상향 이후 하락 모습

영원한 1등은 없습니다.

그러면 이러한 환경의 국내 증시에서 투자자는 1년 이상을 바라보는 장기 투자는 피해야 할 영역일까요? 필자는 그렇지 않다고 생각합니다.

우선, 어떤 기업이든지 장기 투자한다는 투자 철학과 마인드셋을 가지고 접근하는 것이 좋기 때문입니다. 미래가 유망하고 경쟁 우위가 있는 성장 기업, 단기간의 수익보다는 긴 관점에서 복리 효과를 누리며 큰 기대 수익률을 가지는 것, 그리고 단기 변동성에 흔들리지 않는 마인드셋을 갖추는 것.

이러한 것들이 투자를 올바른 방향으로 이끌어 주기 때문입니다.

그리고 수가 많지는 않지만 장기 투자를 할 만한 경쟁력을 가진 국내 기업들도 분명히 있습니다. 이러한 기업들은 내 포트폴리오의 주력 포지션으로 구축하고 장기간 투자할 필요가 있습니다.

요는 이렇습니다.

투자를 항상 길게 보십시오. 그러나 우리 시장의 환경과 변동성 또한 고려하십시오.

즉, 장기적 관점에서 투자할 대상을 선정하고, 장기 수익률을 목표로 포트폴리오를 꾸려 간다는 큰 청사진을 세운 다음에, 우리 시장의 변동성을 고려해 적절히 수익을 취하고 매매를 기술적으로 잘할 필요가 있습니다.

💲 투자 꿀팁

· 개별 종목, 개별 산업에서 장기 투자 위험은 상당히 크다.

· 기업 간 경쟁은 매우 치열하고, 승자 독식의 기쁨은 소수에게만 돌아간다.

· 우리 증시는 전체적으로 하락/정체 기간이 상승 기간보다 더 길다.

✓ 장기 투자를 하려면 제러미 시겔의 조언을 떠올리는 것이 좋다.

· 저비용 주식 인덱스 펀드에 투자하라.

· PER이 낮은 가치주의 비중을 높여라.

· 현금 흐름이 꾸준히 나와서 배당을 지급하는 주식을 선택하라.

투자에는
근거가 있어야 한다

투자에는 명확한 근거가 있어야 합니다. 필자가 투자할 기업을 선정할 때, 투자 근거로 삼을 수 있는 핵심 구성 요소들은 다음과 같습니다.

- 밸류에이션
- 촉매
- 성장
- 마진
- 주주 환원
- 경영진 등

하나씩 살펴보겠습니다.

먼저 '밸류에이션'입니다. 쉽게 말해 기업을 '가치 평가'하는 것입니다. 밸류에이션은 정밀한 과학이 아닙니다. 이 기업이 경쟁사 대비 그리고 시장에 대비해서 할인되어 거래되는가 또는 프리미엄 가격에 거래되는가, 그렇다면 그 이유는 무엇이고 근거는 합당한가를 검토하시면 됩니다.

'촉매'는 기업의 주가를 끌어올릴 만한 재료를 말합니다. 주로 실적, 신제품 출시, 주주 환원 정책, M&A, 행동주의 투자자 등이 촉매가 됩니다.

성장은 이 기업의 성장은 일시적인가? 지속 가능한 성장인가? 이 기업이

속한 섹터의 트렌드는 어떠한가? 성장의 핵심 동인은 무엇인가? 경쟁사 대비 성장률은 괄목할 만한가? 등을 살펴보시면 됩니다.

마진은 이익률이라고 보시면 되겠습니다. 이 기업의 이익률은 과거에 비해 개선되고 있는가? 동종 업계에 비해서 어떠한가? 영업 레버리지 효과, 비용 절감, 제품 믹스 개선, 해자적 우위를 통해 높은 이익률을 달성 하는가를 살펴보는 영역이 되겠습니다.

주주 환원은 자사주 매입 및 소각 계획, 배당금 증가 등의 계획을 살펴보시면 되겠습니다.

경영진은 앞서 말한 자본 배치적 관점에서의 경영진의 능력과 주주 가치를 얼마나 위하고 비전이 있고 성장을 위해 노력하는가를 살펴보는 영역입니다.

이 외에 필자가 기업이 저평가되어 있다고 판단하는 데 도움을 줄 만한 투자자의 안전 마진을 확보해 줄 수 있는 지표들에 대해서 간략히 살펴보겠습니다.

1. 배당
기본적으로 배당 성향이 높고 안정적일수록 하방 경직성이 있습니다. 주가가 빠질수록 배당률은 높아지기 때문입니다. 따라서 지속적으로 배당 성향을 증가시켜 온 기업, 그리고 배당 성향의 변동성이 크지 않은 기업은 불황기에 좋은 대피처가 될 뿐만 아니라 투자자에게 크게 투자 손실을 입히기 힘든 안정성을 가지고 있습니다.

다만 주의할 점은 배당 성향이 지나치게 높은 종목은 성장주로서의 매력이 없기 때문에 큰 수익을 내기에는 한계가 있습니다.

2. CASH COW

기업이 확실한 경제적 해자를 가지거나 우월한 시장 내 지위 등으로 현금 흐름이 좋은 어떤 사업 분야가 있는 것을 말합니다. 본업이 성숙기로 이익에 부침은 있지만 이익의 변동성이 급감할 염려가 크지 않고 꾸준한 현금 흐름을 창출해 내는 사업부가 있으면 좋습니다. 주로 완제품을 만들고 가격 결정력이 있는 기업들이 이러한 CASH COW에서 꾸준한 현금 흐름을 창출합니다. 경기 민감주는 반대 개념으로 생각하시면 됩니다. 경제 사이클의 변동에 따라 이익의 변동성이 큰 기업들이며 우리나라 대부분의 기업이 이에 해당합니다.

3. 현금성 자산

단기간 내 유동화시킬 수 있는 현금성 자산이 많거나 유보율이 높아 쌓아 놓은 돈이 많은 기업들을 일컫습니다. 그러나 이러한 자산을 지나치게 쌓아 놓은 경우도 곤란합니다. 기본적으로 기업은 벌어들이는 현금 흐름을 기업의 순 내재 가치를 증가시키는 쪽으로 재배치를 해야 합니다. 이럴 때는 경영진이 지난 과거를 통해 벌어들인 현금 흐름을 어떻게 써 왔는지 살펴보는 것이 중요합니다. 그러나 어쨌든 현금성 자산이 많은 경우 이는 안전 마진의 기능으로 작용합니다.

4. 역사적 밸류

필자가 중요하게 생각하는 부분 중 하나로, 역사적으로 그 종목의 밸류 평균과 하단, 상단은 반드시 알아야 합니다.

PBR Band

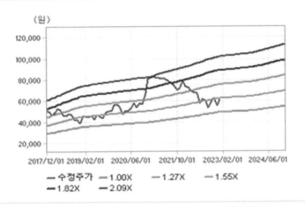

* 삼성전자 PBR 밴드 (자료: 에프앤가이드)

위의 표에서도 볼 수 있듯이 대개는 PER이나 PBR의 지표로 하단에서 지지를 받는 구간들이 있습니다. 또한 상단의 제한도 있습니다. 고속 성장주가 아니라면 대부분의 기업은 상단을 넘기지 못하는 구간들이 존재합니다. 우리 증시에 가장 많은 제조업 섹터는 기본적으로 자기자본 이익률을 높이면서 커질 수 있는 성장주가 아니기에 실적이 좋아진다 하더라도 PER 기준 15배~20배 이상 받기는 어렵습니다. 기본적으로 개별 기업들의 역사적 주가 흐름과 상단, 하단을 알고 대응해야 주가 변동에 대응이 한결 쉬워집니다.

5. 동종 업계 밸류

동종 업계 밸류는 사실 매출 형태나 크기, 사업 분야가 거의 비슷해야 되기 때문에 단순 비교하기가 쉽지는 않습니다. 그래도 참고하시면 주가의 안전 마진을 파악하는 데 도움이 될 것입니다. 해외 매출 비중이 높은가 국내 비중이 높은가에 따라 국내 경쟁사들과 비교해야 하는지 글로벌 경쟁사들과 비교해야 하는지 판단해야 합니다. 경제적 해자가 있으면 밸류에 프리미엄을 더해 주시면 되겠고, 경기 민감형이거나 사업 분야가 단순화되어 있거나 정부 정책에 영향을 받거나 등등의 요인이 있다면 할인하는 요소로 적용시켜 주면 되겠습니다.

6. PEG

PEG는 PER를 EPS 성장률로 나눈 값입니다.
EPS는 주당 순이익, 즉 기업의 이익을 말합니다.
PER는 성장률 개념으로 볼 수 있습니다.

즉, 쉽게 예를 들어 PER가 50이라고 가정해 봅시다. 그럼 성장률을 50%로 보는 것입니다. 코스피 평균 멀티플이 10배 수준임을 감안한다면 50배의 멀티플을 받는다는 것은 기업이 그만한 고성장을 하고 미래 가치가 높다는 것을 나타내는 것입니다.

그런데 EPS 성장률이 50%가 넘는다고 가정해 봅시다. 즉, 이익이 더 가파르게 증가해서 EPS 성장률이 100%라고 가정해 봅시다.

그럼 위의 공식대로 나누면 어떤 수치가 나올까요?
50(PER)/100(EPS 성장률)을 계산하면 0.5라는 수치가 나옵니다.

PEG는 1이라는 숫자를 기준으로 1보다 낮을수록 저평가 요소로 판단합니다. 예를 들어 두 기업을 비교해 봅시다.

A라는 기업은 PER가 8입니다. 코스피 평균에 비해 저평가되어 있습니다. 그러나 EPS 성장률은 4%입니다.

따라서 나누기 하면 PEG는 2의 값이 나옵니다.

B라는 기업은 PER가 무려 80입니다. 그러나 EPS 성장률은 160%입니다. 따라서 PEG는 0.5입니다.

이런 경우에는 PER 지표로는 B라는 기업이 고평가되어 있지만 성장률 개념을 입힌 PEG 개념으로는 저평가되어 있다는 것을 알 수 있습니다.

✓ PER에 대한 이해와 활용 방법

가치 평가 지표 중 가장 널리 활용되는 PER에 대한 개념은 반드시 알고 넘어가야 할 부분이기에 간략하게 설명하고자 합니다.

PER(Price Earning Ratio) = 주가 수익 비율

영어 단어로 해석하자면 주가와 주당 순이익의 비율입니다.
쉽게 말해서, 내가 1주에 10,000원을 주고 증권을 샀는데 이 1주가 벌어들이는 당기 순이익이 1,000원이라면 PER는 10이 됩니다.

즉, 이 증권을 산다면 투자한 금액을 회수하는 데는 10년이 걸린다는 이야기가 되기도 하고, 10배의 프리미엄(멀티플)을 주고 이 증권을 매수한다는 이야기도 됩니다.
그러면 당연히 회수하는 데 시간이 적게 걸리는 것이 좋겠습니다. PER가 5라면 회수하는 데 5년밖에 걸리지 않을 테고, 50이라면 50년이 걸릴 테니까요.

그런데 왜 이런 차이가 생겨날까요?

두 커피숍이 있다고 가정해 보겠습니다. 두 군데 다 현재 순이익은 1,000만 원을 벌어들이는데 환경이 조금 다릅니다. 한 곳은 사람들이 잘 다니지 않는 단골손님들만 오는 가게이고, 한 곳은 근처에 아파트 입주가 예상되는 위치에 있고 스타벅스라는 브랜드를 가지고 있다고 가정해 보겠습니다. 이런 환경이라면 커피숍을 인수하려는 투자자 입장에서 기꺼이 지불하려는 프리미엄(멀티플)도 당연히 다를 것입니다.

첫 번째 커피숍은 5,000만 원(PER 5배) 수준에서도 인수하려는 사람이 없을 수 있는 반면에 두 번째 스타벅스 커피숍은 5억(PER 50배) 수준에서도 인수하려는 사람이 있을 수 있습니다.

이게 바로 PER의 개념입니다. 성장의 개념이 녹아 있다고 보시면 되겠습니다. 피터 린치가 말한 대로 PER=성장률의 개념을 생각하시면 가장 직관적이면서도 쉽게 이해가 가능합니다.

다음으로,

1. EPS(주당 순이익) X PER = 주가
2. 기업 당기순이익 X PER = 시가 총액
3. 발행 주식 총수 X 주가 = 시가 총액

이 세 가지 공식은 무조건 외우시는 단계를 넘어서 자연스럽게 이해하는 수준이 되셔야 합니다. 어렵지 않습니다.

위 사례의 스타벅스 커피숍에 대입해 봅시다. 주가는 10,000원, 주당 순이익은 200원, 연간 당기순이익은 천만 원이라고 가정하고 발행 주식 총수는 5,000주를 발행해 주주들이 스타벅스를 소유하고 있다고 가정해 보시면 쉽게 이해가 될 것입니다. 프리미엄(멀티플=PER)은 50배입니다.

다음으로 투자자들이 PER에 대해 알아야 할 관점들을 살펴보겠습니다.

1. PER는 이익 성장이 꾸준한 기업에 적용해야 한다.

: PER는 순이익과 관련한 지표이므로 이익이 들쑥날쑥한 기업에 적용하는 것은 아무 의미가 없습니다. 이익이 '꾸준한' 기업에서 활용할 수 있는 지표입니다.

2. 선행 PER보다 후행 PER가 더 중요하다.

: 선행 PER는 미래의 순이익을 끌어와서 보는 것이고, 후행 PER는 막 지나온 과거의 순이익을 끌어와서 보는 것입니다.

보수적인 투자자라면 후행 PER를 중요시하는 게 좋습니다. 미래는 예측 불가능하기 때문이기도 하고 주가는 미래의 이익을 어느 정도는 주가 수준에 이미 반영하고 있기 때문입니다.

3. 경기 민감주는 오히려 PSR(주가 매출 비율)이 더 좋은 잣대다.

: 우리 증시는 경기 민감주가 매우 많기 때문에 이 부분을 주의하셔야 합니다. 최대한 쉽게 설명해 보겠습니다. 경기 민감주는 기업의 이익이 경제 사이클을 따라 움직이는 섹터입니다. 따라서 경제가 활황일 때, 당연히 기업의 이익 수준도 최대가 됩니다. 그러나 주가는 미래를 반영합니다. 따라서 당장 앞으로 다가오는 몇 개월은 이익이 더 증가한다고 하지만 주가는 그 뒤에 다가오는 하락 사이클을 선반영하기 시작하고 먼저 하락하기 시작합니다. 즉, 기업의 이익은 최대치를 향해 달려가지만 주가는 빠르게는 6개월 이상을 앞서는 움직임을 보여 줍니다.

실제 기업의 이익은 높아지는데 주가는 하락하면 순이익 지표인 PER는 계속 낮아집니다. 그러니 PER만 보고 투자하는 투자자에게는 기업의 역사적 저PER 구간에서 투자했는데 주가는 계속 하락하기만 하는 상황을 겪는 것입니다. 이런 경기 민감주들은 오히려 반대로 EPS(주당 순이익)이 최악을 겪는 구간에 투자해야 좋은 성과를 얻습니다. 최악의 국면에서 주가는 이미 다음 상승 사이클을 바라보고 있기 때문입니다.

따라서 이런 경기 민감주는 매출액 기준으로 하는 PSR(주가 매출 비율)이 상대적 가치 평가를 하기에 더 좋은 지표가 됩니다.

WISE

INVESTMENT

PHILOSOPHY

제 3 장

매수
전략

1, 2장이 전체적인 투자에 대한 마인드셋 정립과 투자의 본질적인 부분들을 살펴보는 장이었다면 3장부터는 이를 바탕으로 실전에 즉각 활용될 수 있는 매매 전략과 팁들을 구체적인 사례를 통해 살펴보도록 하겠습니다.

내려가고 있는 종목은
사지 않는다

하락 추세에 있는 종목은 매수 대상으로 고려하지 않습니다.

지누스란 종목을 예시로 한번 살펴보겠습니다.

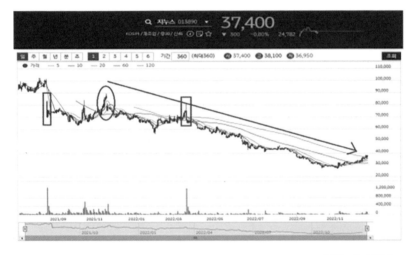

* [지누스 차트]

· **주요 이평선의 하향 돌파**(동그라미 표시)

· **거래량이 동반된 장대 음봉**(네모 박스)

· **계단식 하락 추세**(전체적인 흐름)

이런 종목을 매수 대상으로 고려할 때는 어떻게 하면 좋을까요?

하락이 멈출 때까지 일단 기다려야 합니다.

분봉, 일봉, 주봉 모두 같습니다. 최소 4캔들 이상은 보는 것을 권합니다. 하락이 멈추고 4캔들 이상 횡보나 상승 흐름을 보일 때 최소한 매수 대상으로 고려하는 것입니다. 여기서는 4캔들이라는 숫자가 꼭 의미 있다기보다는 시장 상황과 연계해서 고려해야 합니다.

위의 지누스란 종목에서 예를 들어 보면, 보이는 차트에서 최근의 최저점 구간은 전체 시장이 강하게 조정을 받는 구간이라 따라서 만들어진 저점입니다. 그러나 시장이 회복 구간에 접어들자 전체적으로 '접시형' 바닥 그림을 그리며 추세가 서서히 전환되는 차트를 그리고 있습니다. 이평선도 하나씩 상승 돌파하는(골든 크로스) 모습을 보여 주고 있습니다. 이럴 때 거래량과 기관 수급이 동반된다면 추세 전환의 시그널로 간주할 수 있는 것입니다. 적어도 이런 패턴이 나타날 때까지는 충분히 기다려야 하는 것입니다. 단지 주가가 많이 떨어진다고 덤벼드는 것은 강한 물살을 내가 그대로 거슬러 올라가겠다는 뜻이 됩니다.

다만 하락 추세일 때도 매수를 고려해야 하는 상황이 있습니다.

하락 추세를 강하게 하향 이탈하면서 말 그대로 과하게 투매 현상이 일어나는 경우입니다. 이때 악재의 크기를 판단해야 하지만 기본적으로 추세를 강하게 하향 이탈하는 경우는 새로운 잠재 매수자의 매수를 불러일으키므로 주가 상승의 트리거가 됩니다.

일
주
월
년
분
틱
가격(수정) ● 240
481
85,900(214.65%, 2021/11/22)
93,304 (2021/08/13)
80,000
69,590 (2021/05/17)
60,000
40,000
32,128 (-65.57%, 2023/01/27)
27,300
-3.70%
20,850(-23.63%, 2022/11/04)
거래량
5,000,000
492,553

* 콘텐트리중앙 차트

콘텐트리중앙의 일봉 모습입니다. 주가가 하락 추세를 그리고 있는 도중에 최근 모습을 보면 하방 부분을 강하게 이탈하는 모습을 보이다가 다시 급격히 상승하는 모습을 보여 주고 있습니다. 이런 때는 기업의 펀더멘탈과 연계해서 내재 가치를 고려해 저평가된 구간이라는 판단이 들면 적극 매수를 고려해야 합니다. 이때 차트는 로그 차트로 봐야 이렇게 강하게 이탈하는 모습이 더 확연하게 관찰이 됩니다.

또 지수의 연이은 하락으로 인한 마진콜 압박으로 개인 투자자들의 신용 반대 물량이 터질 때도 좋은 기회가 됩니다. 이때 지수가 3~4% 이상 밀리는 구간에서 그동안 잘 버텼던 종목들이라도 순간적으로 이때까지 버텼던 흐름보다 과하게 밀리는 그런 순간들이 있습니다. 이런 순간은 기회인 경우가 많습니다. 누군가가 어쩔 수 없이 던지는 물량을 받아서 매수하는 것은 보통 최선의 결과를 가져옵니다.

전환 사채 물량을
확인하자

전환 사채 물량은 투자자로서 투자하기 전에 반드시 확인해야 하는 부분입니다. 간단하게 전환 사채에 대해 알아보겠습니다.

용어가 어렵게 느껴질 때는 하나씩 단어를 뜯어보면 쉽게 이해가 되는 경우가 많습니다. 전환/사채, '전환할 수 있는 회사채'입니다.

채권은 돈은 빌리는 것입니다. 국가가 발행하면 국채, 기업이 발행하면 회사채, 은행이 발행하면 은행채입니다.

기업을 단계별로 봤을 때 가장 좋은 상태는 쌓아 놓은 현금도 많고 현금 흐름도 우수해서 돈을 빌리지 않고 스스로 자본 투자가 가능할 때가 가장 좋은 경우입니다.

그다음으로는 신용 상태가 매우 우수해서 은행에 차입금 형태로 빌리는 경우가 되겠고, 이게 안 되는 경우에는 더 쉬운 방법으로 채권을 발행해서 주주들이나 제삼자에게 돈을 빌리는 형태로 자금을 조달하는 것입니다.

전환 사채는 주식으로 전환할 수 있는 성격의 채권, 신주 인수권부 사채는 추후 기업이 신주를 발행하면 이 신주를 정해진 가격으로 살 수 있는 옵션이 주어진 채권, 교환 사채는 전환 가능한 주식을 그 기업의 주식으로 교환할 수 있는 옵션이 주어진 채권이라고 보시면 되겠습니다.

　중요한 점은 이런 사채 물량들이 주식으로 전환되는 경우, 유통 물량이 늘어나기 때문에 주주 가치도 희석되기도 하고, 잠재적 매도 물량이 되기도 하기 때문에 주가에 안 좋은 영향을 끼치는 경우가 많다는 것입니다. 따라서 기업의 전환 사채 발행 현황은 반드시 주주로서 확인하고 넘어가야 되는 부분이며 사업보고서의 다음 란에서 확인할 수 있습니다.

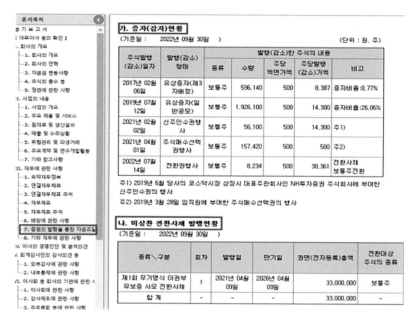

* 에이스토리 사업보고서 중

　빨간색 박스를 보시면 지금까지의 증자 현황과 특히 중요한 부분인 미상환 전환 사채의 여부를 확인할 수가 있고 여기서 확인하실 부분은 언제부터 전환 청구가 가능한지 여부로 잠재적 매도 물량에 대비하여야 하고, 전환가액과 지금 주가와의 비교를 통해서 전환 가능성을 점검하고, 전환 가능 주식 수를 시가 총액에 비교해 보아 어느 정도의 규모인지 꼼꼼하게 살펴보아야 합니다. 가끔은 이러한 전환 사채에도 좋은 기회가 숨어있는 때가 있습니다. 기본적으로 돈을 꿔 주는 채권자의 입장에서도 당연히 기업의 주가가 크게 올라서 이때 주식으로 전환하고 차익 실현을 하기를 원할 것입니다.

그러나 여러 사정으로 인해 주가가 고전을 면치 못하는 경우, 채권자를 보호하기 위해 기존 전환가액의 70% 수준까지 리픽싱 완료된 전환가보다 더 낮은 가격에 주가가 형성되는 경우도 있습니다.

다음과 같습니다.

나. 미상환 전환사채 발행현황
(기준일 : 2022년 09월 30일   )
(단위 : 천원, 주)

종류\구분	회차	발행일	만기일	권면(전자등록)총액	전환대상 주식의 종류	전환청구가능기간	전환조건 전환비율 (%)	전환가액	미상환사채 권면(전자등록)총액	전환가능주식수	비고
제1회 무기명식 이권부 무보증 사모 전환사채	1	2021년 04월 09일	2026년 04월 09일	33,000,000	보통주	2022년 04월 09일 ~ 2026년 03월 09일	100	30,361	32,750,000	1,078,696	-
합 계	-	-	-	33,000,000	-				32,750,000	1,078,696	-

[해무증권의 발행 등과 관련된 사항]

* 에이스토리 사업보고서 중

가. 증자(감자)현황
(기준일 : 2022년 09월 30일   )
(단위 : 원, 주)

주식발행 (감소)일자	발행(감소) 형태	발행(감소)한 주식의 내용 종류	수량	주당 액면가액	주당발행 (감소)가액	비고
2017년 02월 06일	유상증자(제3 자배정)	보통주	596,140	500	8,387	증자비율:8.77%
2019년 07월 12일	유상증자(일 반공모)	보통주	1,926,100	500	14,300	증자비율:26.06%
2021년 02월 02일	신주인수권행 사	보통주	56,100	500	14,300	주1)
2021년 04월 01일	주식매수선택 권행사	보통주	157,420	500	500	주2)
2022년 07월 14일	전환권행사	보통주	8,234	500	30,361	전환사채 보통주전환

주1) 2019년 6월 당사의 코스닥시장 상장시 대표주관회사인 NH투자증권 주식회사에 부여한 신주인수권의 행사
주2) 2019년 3월 임직원에 부여한 주식매수선택권의 행사

나. 미상환 전환사채 발행현황
(기준일 : 2022년 09월 30일   )
(단위 : 천원, 주)

종류\구분	회차	발행일	만기일	권면(전자등록)총액	전환대상 주식의 종류	전환청구가능기간	전환조건 전환비율 (%)	전환가액	미상환사채 권면(전자등록)총액	전환가능주식수	비고
제1회 무기명식 이권부 무보증 사모 전환사채	1	2021년 04월 09일	2026년 04월 09일	33,000,000	보통주	2022년 04월 09일 ~ 2026년 03월 09일	100	30,361	32,750,000	1,078,696	-
합 계	-	-	-	33,000,000	-				32,750,000	1,078,696	-

* 에이스토리 사업보고서 중

에이스토리라는 종목의 전환 사채 현황을 보면 이미 전환 청구 기간이 도래한 전환 사채의 전환가가 30,361원인 모습을 확인할 수 있습니다.

* 에이스토리 차트

차트를 보면 주가는 이 전환 사채의 최저 전환가인 30,361원을 훨씬 밑도는 2만 원 아래 구간까지 내려가고 있습니다. 업황이 좋은 콘텐츠 섹터 내에서도 업계를 선도하는 위치에 있는 드라마 제작사인 점을 고려하고 이익 체력을 고려해 본다면 이럴 때는 기술적 분석은 무시하고 그저 좋은 기회로 판단하여 적극적인 매입을 고려할 수 있는 것입니다.

💲 투자 꿀팁

리픽싱은 메자닌 증권을 발행할 때 미리 정한 전환 가격이 현재 주가보다 높아 전환 가격을 조정해 주는 것을 말한다. 보통 처음 정하는 전환가의 70% 가격까지 리픽싱을 할 수 있으며, 리픽싱이 이루어지면 채권 보유자의 입장에서는 주가가 하락하기 전에 채권 전환을 하여 이익 실현을 하려는 유인이 커지기 때문에 주의하여야 한다.

밸류를 조합하고 제한하자

좋은 지표들을 조합하십시오. 조합할수록 좋은 성과가 나올 가능성이 높습니다. 앞서 투자에는 일관성이 매우 중요하다고 강조했습니다. 그런데 이런 경우는 어떻게 될지 한번 가정해 보겠습니다.

나는 기업이 벌어들이는 순이익이 중요하다고 생각하기에 투자 지표로써 저 PER주에 투자하고 싶습니다. 그런데 버핏의 경제적 해자를 가진 기업에도 투자하고 싶어서 높은 자본 이익률을 가진 기업들도 선택하고 싶습니다. 또, 자산 가치가 과대평가 되지 않은 기업들을 선택하고 싶어 PBR도 고려하고 싶습니다. 마지막으로 주주 가치를 위하는 기업들만 동행하고 싶어 주주 수익률도 고려하고 싶습니다. 이렇게 여러 가지를 고려하고 조합해서 투자 성과를 백 테스트해 보면 전략의 일관성을 해치고 나쁜 성과가 나올까요?

아닙니다! 좋은 투자 지표들을 조합하면 더 좋은 성과가 나옵니다(참고로 이 결과가 궁금하신 독자분들은 제임스 오쇼너시의 『월가의 퀀트 투자 바이블』이란 책을 참고하시면 좋습니다). 적극적으로 좋은 지표들을 조합하여 투자에 활용하십시오.

저밸류 지표들을 조합하기만 해도 투자자들이 재무에서 어떤 문제를 겪을 가능성은 희박하다고 보면 됩니다. 일종의 허들이며 최소한의 기준점인 셈입니다. 아래와 같은 지표들을 다양하게 고려하여 보시면 됩니다. 필자의 경우에는 PER 기준 10배가 넘는 종목은 매매 대상으로 잘 고려하지 않습니다. 20배가 넘는 경우는 아무리 좋다고 해도 보통은 쳐다도 보지 않습니다. 재무는 기본적으로 안정성의 문제입니다. 절대적 기준은 아니지만 '나는 PER 기준 15배 이상의 종목은 절대 매매 대상으로 고려하지 않는다.' 같은 심리적 기준선이 필요합니다.

- PER 10배 미만(업종별 다름)
- PBR 1.5배 미만(업종별 다름)
- ROE(자기자본 이익률) 3년 연속 15% 이상
- 분기 EPS 전년 동기 대비 20% 이상 성장
- 매출 증가율 20% 이상
- 영업 이익률 15% 이상
- 부채 비율 200% 미만
- 유동 비율 100% 이상
- 이익의 꾸준함
- 꾸준한 배당 수익
- 일정 기준 이상의 현금 자산
- 주주 수익률
- 자사주 매입 수익률 등

저밸류 지표들을 조합하면 일종의 하방 경직성이 확보되고 리스크가 줄어들게 됩니다. 반면 이런 저평가 종목들이 상승 추세를 제대로 만나면 큰 시세를 내므로 훌륭한 손익비가 성립할 수 있습니다.

물론 업종별 지표는 고려해야 합니다. 전통의 저평가 섹터에서 종목을 선정하기보다는 성장 섹터에서 밸류의 조합 종목들을 선정하는 것을 추천해 드립니다. 스톡워치라는 사이트를 추천해 드립니다.

• https://stockwatch.co.kr/

위치리스트	통합 진단	V차트	10년 실적

스톡워치 Picks

스톡워치가 고른 투자 매력도 높은 종목을 확인하세요.

주제	설명	종목 수
저평가 탈피주	주가 1주일 상승률이 5% 이상인 저평가 우량 종목	8개
속향의 투자 유형	속향의 네 가지 조건을 만족하는 종목	63개
급등 우량주	주가 1개월 상승률이 20% 이상인 우량 종목	20개
고배당주	배당 수익률이 3% 이상인 종목	186개
마법공식	PER은 낮고, ROE는 높은 종목	158개
현금부자	시가총액 대비 순현금 자산이 많은 종목	124개
저PER	주가가 순이익 대비 10배 이하인 종목	410개
저PBR	주가가 순자산 대비 1배 이하인 종목	291개
합성전략	PER 10배 이하, PBR 1배 이하를 동시에 만족하는 종목	299개
대형주	시가총액 5조원 이상인 종목	42개
우량 소형주	이익이 탄탄한 시가총액 1000억~5000억 종목	139개

* 스톡워치 사이트 캡처 화면

위의 사진처럼 다양한 방식으로 우량주를 스크리닝할 수 있으며 다양한 조건을 추가해 스스로 종목을 스크리닝해 볼 수 있습니다.

손실은 7% 이내로
제한하라

7%의 법칙을 반드시 기억하길 바랍니다. 트레이더에게 7% 수준의 손실은 반드시 리스크 제한을 걸어야 할 기준선입니다.

이제부터 왜 손실을 7% 이내로 제한해야 하는지 구체적인 숫자로 확인해 보겠습니다.

의외로 많은 투자자가 이런 수학적 사고에 취약합니다.

여러분의 투자 금액이 500만 원이라고 가정해 봅시다.
보통 다섯 종목 정도에 분산 투자를 하고 한 종목당 투자 금액은 100만 원 선이라고 가정하겠습니다.

따라서 7%의 손절 라인에서 손절을 하면 손실 금액은 7만 원 수준입니다.
만약 여러분이 투자한 종목 중 네 종목에서 모두 7% 라인에서 손절한다고 가정하면 총손실 금액은 28만 원이 됩니다. 전체 투자 금액인 500만 원에서는 5.6% 수준이죠. 이 정도로는 투자자의 계좌를 망칠 수 없습니다.

반면에 나머지 한 종목은 주가가 상승 흐름을 보여 주어 잘 보유했다고 가정해 봅시다. 보통 삼성전자같이 크게 무거운 종목이 아니라면 적정한 시점에 매수하면 20%~30% 정도의 수익을 가져가는 건 충분히 기대할 수 있는 수준의 수익률입니다. 이는 투자하는 사람 누구나 경험적으로 알 수 있습니다. 기대 수익률을 30%로 가정해 봅시다. 이 한 종목에서 30만 원의 수익을 거둘 수 있습니다.

그러면 어떻게 되겠습니까?

네 종목에서 실패했음에도 이 한 종목으로 인해 충분히 만회가 됩니다. 30%라는 좋은 수익률이지만 그렇다고 엄청난 수익률은 아닌데도 말입니다.

이게 바로 손익비 게임입니다. 한번 생각해 봅시다. 아무리 투자에 재능이 없는 투자자라도 다섯 종목을 투자했는데 다섯 종목을 모두 실패하기가 더 힘들 것 같습니다.

이렇게 투자가 쉬워집니다. 만약 이 7% 룰을 지키면서 종목을 순차적으로 투자한다고 가정했을 때 500만 원에서 유의미한 손실 수준인 계좌의 30% 금액에 해당하는 150만 원 정도의 손실을 보려면, 무려 22번 연속으로 투자에 실패해야 하는 것입니다.

그러면 여기서 잠시 생각해 봅시다. 만약 투자자가 이 쉬운 손익비 게임을 망치려면 어떻게 해야 할까요?

손실이 나면 이기는 게임이라고 가정하고 손실을 더 크게 만들려면 어떻게 하면 좋을지 생각해 봅시다.

의외로 답은 쉬운 것 같습니다. 다음과 같이 하는 것입니다.

1. 하락하는 종목을 그대로 방치한다 → 계속 하락한다
2. 하락하는 종목을 빠르게 물타기 한다 → 비중을 키운다

이렇게 하면 정확하게 손익비 게임을 망치는 손실 게임을 할 수 있습니다. 하락하는 종목은 아마도 높은 확률로 계속 하락하면서 손실의 복리 효과를 잘 보여 줄 것이고, 또는 적극적으로 비중을 높여 준 투자자 덕분에 포트폴리오 내 큰 비중을 차지하면서 계좌를 좌지우지할 것입니다.

이 결과를 수학적으로 다시 살펴봅시다.

7% 수준에서 제한할 수 있는 손실을 놔두었더니 주가는 -50% 수준까지 내려갔습니다. 손실은 50만 원이 되었습니다. 회복하려면 주가가 무려 100%나 다시 올라야 합니다!

즉, 이 수준에서는 어떻게 해도 거의 지는 게임이라고 보시면 됩니다. 이미 졌습니다. 심리적으로도, 실제로도.

두 번째, 하락하는 종목의 비중을 물타기 하면서 높였더니 손실률은 줄어들었지만 계좌에서 차지하는 비중이 매우 커졌습니다. 운이 좋다면 물타기를 계속 해 나가면서 간절히 원하는 평단을 만들어 탈출하는 기쁨을 맛볼 수 있을 것입니다.

그러나 반드시 명심해야 할 것은 이런 물타기 전략으로 여러 번 손실 종목을 복구할 수 있을지 몰라도 정말 잘못된 종목을 운 없게 만나게 되면 이 단 한 번으로 시장에서 아웃된다는 사실을 명심해야 합니다.

항상 투자는 이기는 게임을 해야 합니다.

우리가 카드 게임을 할 때 어떻게 하는 것이 좋은 전략입니까? 좋은 패는 보통 계속 쥐고 있습니다. 나쁜 패를 버리는 것이죠.

항상 수익 나는 종목은 들고 있으려는 생각을 가져야 합니다. 그래야 이런 종목에서 50%, 100%, 200% 수익 나는 종목들이 나오는 것입니다.

계좌 관리의 관점에서도 생각해 봅시다.

필자는 항상 좋은 종목은 쥐고 갑니다. 손실 나는 종목은 확신 있는 종목이 아니라면 보통 매수 이후 하락하면 빠르게 대응합니다. 시장이 약세장으로 접어들면 수익 나는 종목을 매도하는 게 아니라 손실 나는 종목을 매도합니다.

따라서 보통 필자의 포트폴리오는 장이 좋으면 당연히 수익 나는 종목이 대부분이고, 시장이 약세장에 접어들더라도 전체적으로 가볍습니다. 수익 중인 종목만을 대부분 들고 있기 때문입니다.

이런 상태에서는 계좌 정리도 매우 쉽습니다. 손실 나는 종목들은 이미 어느 정도 선에서 제한했고 계좌에 없기에 손실 회피 성향을 가질 수도 없기 때문입니다.

반면에 손절을 무서워하는 투자자들은 수익 중인 종목은 빠르게 매도하고 손실 중인 종목은 끝까지 쥐고 갑니다. 이런 훌륭한 가치 투자자가 없습니다. 이렇게 계좌를 관리하면 조정장을 한 번 맞고 나면 내 포트폴리오는 전부 파란 불밖에는 없게 됩니다. 빨간 불이 들어오는 족족 매도하기 바빠집니다. 이렇게 하면 계좌가 무거워집니다. 이렇게 되면 이제는 나의 주도적 투자 아이디어로 시장에 대응하는 게 아니라 그냥 시장이 올라 주기만을 바라야 하는 상황에 처하게 됩니다.

반면에 계좌를 가볍게 만든 포트폴리오는 어느 정도 조정장에 피해를 입었더라도 포트폴리오 자체가 가볍기 때문에 투자 전략을 구사하기도 시장에 대응하기도 수월합니다.

항상 계좌를 가볍게 만들고 손실은 7% 이내에서 제한하십시오.

바스켓
투자 전략

필자는 특정한 섹터에서 아주 매력적인 투자 기회를 발견할 때 바스켓으로 깔아 놓는 투자 전략을 선호합니다. 본격적인 시세를 내기 전에 해당하는 이야기입니다. 일단 가장 최근에 시세가 났던 때를 추적해 섹터에서 어떤 종목이 소위 말하는 대장주 역할을 했는지를 살펴봅니다.

그리고 적게는 2개에서 많게는 5개 이상까지 관련 섹터 종목 전체를 매수합니다.

집중 투자를 할 수 있지만 운이 없게도 내가 집중 투자한 종목이 후발 주자의 흐름을 보이고 시세가 상대적으로 뒤처질 수 있습니다. 그리고 내 관점에서 가장 상대적으로 가치가 뛰어나다고 생각한 종목과 시장의 생각은 얼마든지 다를 수 있습니다. 투자의 관점에서 나의 생각과 확신도 중요하지만 시장의 생각이 더 중요합니다.

이렇게 여러 종목을 걸쳐 놓고 포지션을 잡고 관찰하다 보면 개개 종목별로 주가 흐름의 특성을 관찰할 수 있을 뿐만 아니라 대장주 시세를 내는 종목들이 관찰됩니다. 이렇게 확신이 들면 이 종목들에 집중하는 것입니다. 그리고 가장 반응이 느린 종목은 포트폴리오에서 제외시킵니다.

보통 지나고 나서 보면 대장주 역할을 하는 종목들이 펀더 멘탈이 가장 좋거나 실적도 가장 좋은 경우가 많습니다.

또한 바스켓으로 종목을 깔아 놓게 되면 어떤 종목에서 시세가 나던 이 섹터의 상승분을 그대로 가져갈 수 있게 됩니다.

확신이 들 때는
많이 사라

주가의 내재 가치를 심하게 밑도는 구간에 접어든다고 판단이 되면 최대한 많이 사 놓아야 합니다. 크게 두 가지 방법을 제안합니다.

먼저 첫 번째는 점진식 분할 매수 방법입니다. 주가가 계속해서 하락할 때 이 주가의 하락이 어디까지 이어지고 언제까지 이어질지 알 수 없으므로 매입하기로 결정한 가격부터 매우 잘게 쪼개 시간을 두고 매입하는 방법입니다.

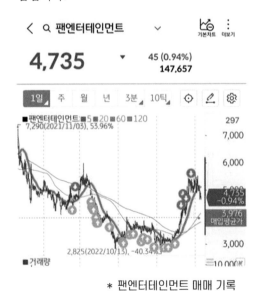

*팬엔터테인먼트 매매 기록

예를 들어 내가 어떤 종목을 1,000만 원 정도의 비중을 목표로 잡고 매수한다고 가정하면 시간을 두고 10만 원, 20만 원씩 매우 잘게 쪼개어 기간을 두고 매입하는 방법입니다.

장점은 기간을 두고 천천히 매입하기 때문에 결과론적으로 추세가 전환되는 시점에서 바닥에서 그리 멀지 않은 곳의 평단을 만들 수가 있습니다. 반대로 생각 외로 빠르게 추세 전환했을 경우에는 비중을 크게 싣지 못한다는 단점이 있습니다.

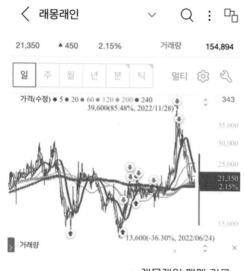

* 래몽래인 매매 기록

두 번째 방법은 충분히 확신 있는 가격에 왔다고 판단이 드는 경우, 한 번에 대거 매입하는 방법입니다. 필자가 성공적으로 투자한 기업 중 하나인 래몽래인의 매매 기록을 보면 총 두 차례에 걸쳐서 바닥 부근에서 집중 투자한 흔적을 볼 수 있습니다. 그러면 이때 왜 필자는 크게 투자해도 좋다고 확신했는가를 잠시 살펴보면, 투자 로직은 생각보다 단순합니다. 저 바닥 부근에서 래몽래인의 시가 총액은 900억 정도였습니다.

래몽래인은 소형 드라마 제작사입니다. 「재벌집 막내아들」 제작으로 알려진 드라마 제작사이기도 합니다. 보통 IP(지식재산권)를 소유한 텐트폴(대규모의 제작비가 들어간 드라마 작품) 작품들은 OTT나 방영권 판매 등으로 적게는 몇십억 많게는 100억 이상의 수익을 벌어들일 수 있습니다. 드라마 제작 산업은 성장 산업이며 한국 콘텐츠들은 경쟁력이 있기 때문에 소위 말하는 멀티플을 높게 가져갈 수 있습니다. 코스피 평균인 10배보다는 당연히 더 받아야 하고, 15배 정도는 되어야 적절한 멀티플이 아닌가 생각합니다.

래몽래인은 연간 5편 내외의 작품을 제작하며, 그중 몇 작품에서 IP 확보를 하고자 합니다. 따라서 드라마 흥행 여부와 판권의 판매 여부에 따라 거둬들이는 이익의 차이는 있겠지만, 연간 적게는 몇십억에서 많게는 100억~200억 이상의 영업 이익을 거둘 수가 있습니다. 그리고 이런 드라마 제작사들은 드라마의 흥행 여부에 따라 테마가 끼는 경우가 잦고 시총 자체가 낮기 때문에 변동성이 상대적으로 큽니다.

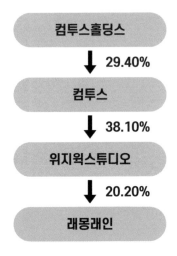

* 래몽래인 지배 구조

여기에다 이 래몽래인이라는 제작사는 지배 구조상 컴투스라는 현금성 자산이 충분한 기업의 지원을 받고 있기도 하고, 대표의 회사확장 의지도 충분한 기업이고, 실제로 드라마 제작 CAPA를 늘려 가고 있는 중이고 공격적으로 IP를 확보하고 있습니다.

이런 기업이 900억이라는 시가 총액에 거래되었을 때는 안 살 이유를 찾을 수가 없는 것이죠. 최대한 긍정적인 상황을 가정해서 이 기업이 200억 이상을 벌어들인다고 가정해 봅시다. 멀티플도 높게 받아서 20배를 받는다고 가정해 보겠습니다. 사실 드라마 제작사가 20배 정도의 멀티플을 받는 일이 불가능한 일이 아닙니다. 만약 이렇게 된다면 시총 4천억이 가능해지는 셈인데, 그렇다면 900억 수준에서는 4배 이상의 수익을 달성할 수 있게 되는 셈입니다. 반면에 최악의 상황을 가정해 보겠습니다. 기본적으로 드라마의 흥행 여부와 판권 판매 여부는 가변적입니다. 미리 알기 어렵습니다. 그리고 드라마 제작에는 많은 돈이 들어가고 소형 드라마 제작사는 가용할 수 있는 자산이 많지 않기 때문에 유상 증자 등을 활용해서 자금을 조달하는 경우가 많습니다. 이 경우는 때로는 주가의 걸림돌이 되기도 합니다. 이익의 경우에는 최악의 경우에 50억 미만의 영업 이익이나 연간 적자를 기록할 수도 있습니다.

　보통 필자가 일반적으로 한국 기업들을 바라볼 때 이익과 시가 총액의 기준은 이렇습니다. 한국 증시 평균 멀티플은 10배 정도입니다. 따라서 시가 총액이 1조인 기업은 1,000억 정도는 벌어들여야 됩니다. 시가 총액이 1,000억인 기업은 100억 정도는 벌어들여야 됩니다.

　그런데 이러한 비례로 가게 되면 문제점이 있습니다. 만약 한 해 몇억씩 벌어들이는 기업이 있다면 시가 총액은 한 10억쯤 되어야 하는 걸까요? 그렇지 않습니다. 코스닥엔 적자 기업도 많은데 이들 기업도 시가 총액이 천 억대를 상회하는 기업도 많습니다.

　따라서 필자는 보통 '성장 기업'형인 경우에는 영업 이익 50억~70억 정도를 시가 총액 1,000억의 기업의 평균 정도로 판단합니다.

반면에 제조업 중심의 뚜렷한 경쟁 우위가 없지만 꾸준히 돈을 벌어들이는 기업의 경우는 100억 정도를 시가 총액 1,000억 기업의 기준으로 삼습니다.

이러한 관점에 비추어 봤을 때 이 래몽래인이란 기업은 성장형 기업으로 앞으로 드라마 제작에 많은 자금이 소요되고 이익의 변동성은 있겠지만 최소한 드라마들이 경쟁력 있고 평균은 기록한다고 가정했을 때 최소 50억 이상의 이익을 거둘 수 있는 체력은 충분하다고 판단이 되는 기업입니다. 여기서 50억인지 60억인지 70억인지는 중요하지 않습니다. 주가는 정밀한 과학이 아닙니다. 어느 수준에 있는가를 판단하는 것이 중요한 것입니다. 이 수준에서는 겁먹을 필요가 전혀 없겠다를 판단하는 것이 중요한 것입니다. 적어도 하방으로 빠질 위험보다는 상방의 기대 수익률이 훨씬 높은 구간이기 때문에 과감하게 투자할 수 있습니다.

이런 판단이 서면 그 즉시 투자를 과감하게 집행하고 그 이후 단기 주가는 무시하고 그냥 충분히 오를 때까지 인내심을 발휘하면 되는 것입니다.

이렇게 두 가지 방법을 살펴보았는데 투자자의 상황이나 종목에 대한 확신의 여부 정도에 따라 증시에 대해 조금 비관적이거나 하락 추세 전환 여부에 자신감이 조금 부족할 때는 점진적 매수 방법을, 확신이 들고 전반적인 상황이 좋을 때는 후자의 방법을 택하시면 좋은 매수 전략이 될 것입니다.

항상 방어적으로 운용하고
안 살 이유를 찾아라

    기본적으로 필자는 두 개의 계좌를 운용합니다. 한 계좌에는 적극적인 트레이딩을 진행하기도 하고 매매도 잦은 편입니다. 다른 한 계좌에는 매매를 지양하고 방어적으로 포트폴리오를 운용합니다. 사실 매매가 잦은 것이 좋은 것이 아닙니다. 투자자의 투자 스타일에 따라 포트폴리오를 어떻게 운용하느냐가 달라지겠지만 기본적으로 필자는 항상 방어적 포트폴리오를 운용하시라고 조언을 드리고 싶습니다. 애초에 방어적으로 손절하지 않을 상황을 만드는 것이 가장 좋은 전략입니다. 방어적 포트폴리오를 꾸려가기 위한 전반적인 계좌 관리 원칙을 적어 보았습니다. 참고하시어 운용하시는 데 도움이 되면 좋겠습니다.

» 현금 비중을 30%~50% 이상 유지
    현금을 쓰는 경우는 시장이 폭락하며 기회를 줄 때입니다. 어디서 들어가야 하느냐는 시점 선택의 문제가 존재하므로 매우 잘게 쪼개 사는 건 기본입니다.

» 거래를 최소화
    점진적 매수, 점진적 매도를 말하는 것이 아닙니다. 이런 매매는 괜찮습

니다. 불필요한 종목 늘리기나 성급한 거래를 하지 않습니다. 즉, 평소에
는 매매를 하지 않습니다.

» 분할 매수는 필수

반드시 분할 매수합니다. 분할 매수 자체로 20%~30% 이상의 하방을 확
보할 수 있습니다. 중요한 것은 하방 추세일 때 섣부른 물타기를 하지 않
는 것입니다. 점진적으로 해야 하며 충분히 기다려야 합니다.

» 수익을 지킨다

매우 매우 중요한 포인트입니다. 수익은 지킵니다. 즉, 내가 산 종목이
미실현 평가 손익을 주다가 손실로 전환될 지점이 오고 시장과 종목 어느
하나라도 확실한 추세가 없으면 손실로 전환되기 전에 반드시 매도함으로
써 수익을 지킵니다.

» 특정 종목의 비중을 높이지 않는다

매매하다 보면 물릴 수 있습니다. 생각과 다르게 강한 하락 추세 전환으
로 물타기를 해야만 살릴 수 있고, 상당한 시간이 소요될 것 같은 경우가
옵니다.

중요한 것은, 하락 추세로 주가가 내려갈 때는 절대 섣불리 물타기를 해
서는 안 된다는 것입니다. 주가가 어느 정도 횡보할 때까지 기다리거나 매
우 잘게 쪼개서 사들이거나 시장의 폭락 구간의 막바지에서 막판 투매성
자금이 나오면서 기업의 내재 가치를 심하게 밑돈다고 느껴질 때나 혹은
추세 전환이 될 때까지 기다려야 됩니다.

쉽게 말해서, 내려가고 있을 때는 물타기 하는 거 아닙니다.

» 확신 있는 종목만 산다

어느 정도 시간 지평을 갖고 투자하는가를 생각한 후 MDD가 크지 않고 안전 마진이 확보될 수 있는, 즉 잃지 않을 수 있는 기업들을 골라냅니다.

» 경쟁 우위가 확실한 경제적 해자가 있는 기업들만 매수

요약하자면, 현금은 폭락 구간에서만 사용하며, 평소에는 현금 비중을 상당 부분 유지합니다. 매일 매매하지 않습니다. 있는 종목으로 시장 수익만 따라갑니다. 수익은 지킵니다. 손절은 하지 않습니다. 다만 손절하지 않도록 확실한 매매만 합니다.

그럼에도 불구하고 추가 매수가 필요할 때는 매우 신중하고 점진적으로 접근합니다.

인내심이 중요합니다.
성공 트레이딩이란 아무 행동도 하지 않는 행위 예술입니다.
정말로 좋은 트레이드가 오기 전까지는
아무것도 하지 않는 것이 장기적인 성공의 열쇠입니다.
– 잭 슈웨거, 『초격차 투자법』 中 암리트 살의 인터뷰

자사주 매입하는 기업을
관찰하라

　자사주 매입을 꾸준히 하거나 새롭게 시작하는 기업들은 관심 종목에 올려놓고 관찰하는 것이 좋습니다. 자사주 매입 자체도 호재이고 주주 가치를 높여 주지만 더 중요한 함의는 경영진이 주가에 신경을 쓴다는 뜻이 되기 때문에 관심 있게 봐야 합니다.

　주가가 내려가는 구간에 아무런 조치를 취하지 않는다거나 주주 가치를 훼손하는 메자닌 등을 자주 발행하는 회사는 투자할 만한 회사가 전혀 되지 못합니다.

　또한 자사주 매입 수익률은 데이터상으로도 매우 중요한 가치 요소 중의 하나로 역사적으로 뛰어난 성과가 검증된 지표 중의 하나입니다.

　자사주 매입 수익률이란 쉽게 말하자면 다음과 같습니다.
　유통 주식이 100주인데 자사주 매입을 10주 해서 90주가 되었습니다.
　그럼 유통 물량인 100주에서 자사주 매입 물량인 10주를 나누기한 값인 10%가 자사주 매입 수익률이 됩니다.

　자사주를 매입하는 기업을 찾는 방법을 살펴보자면,

* 다트전자공시 화면

다트전자공시를 가서 '주요사항보고'를 클릭하시고 '검색'을 클릭하세요.

* 다트전자공시 화면

오른쪽 밑에 보면 '상세조건열기'가 있습니다. 여기를 클릭하시고 보고서명에 '자기 주식 취득'이라고 타이핑 후 '검색'을 클릭합니다.

* 자기 주식 취득 기업 리스트

그러면 이렇게 결과물이 나오는 것을 확인할 수 있습니다.

아이에이라는 종목을 클릭해 보겠습니다.

* 자기 주식 취득 결정 상세 내용

취득 예정 주식 수, 금액 규모, 기간, 목적, 방법 등을 확인할 수 있습니다.

자사주 매입은 규모가 중요한데 규모는 대략적으로 유동 시총 나누기 금액을 하시면 됩니다. 즉, 유동 물량의 총 시총 금액에서 유통 안 되는 대주주, 임원 지분, 자사주 지분을 대략 빼고 거기다 매입 금액을 나누어 보시면 됩니다.

또한 다음과 같이 KIND라는 기업 공시 채널에서도 자사주 취득/처분 현황을 확인하실 수 있으니 활용하시면 도움이 될 것입니다.

투자자라면 매일 뉴스를 접하며 매수할 종목을 찾는 것보다는 이런 사이트를 자주 방문하며 매수할 기업을 찾는 것이 훨씬 성과가 좋은 투자 습관이 될 것이라고 확신합니다.

• https://kind.krx.co.kr/main.do?method=loadInitPage&scrnmode=1

* KIND 홈 화면

내부자 매수 기업을
주목하라

　내부자(경영진 및 이사회, 주요 주주 등) 매수가 이루어지는 기업들은 필자가 매우 주목해서 보는 기업입니다. 투자의 대가들도 내부자들의 주식 매수가 저평가를 알려주는 시그널이라고 생각합니다. 회사 내부자들은 일반 투자자들보다 회사의 전망과 가치에 대해 더 잘 알고 있습니다. 여기에서는 주의해서 봐야 할 점 몇 가지를 간략하게 핵심적으로 언급하겠습니다.

» 대기업보다 소기업에서 나타나는 내부자 매수가 더 강력한 신호다
　예를 들어 삼성전자나 현대차 같은 기업에서 경영진의 매수가 있다고 해서 특별한 시그널로 보지는 않습니다. 반대로 작은 기업에서 기업의 규모 대비 큰 매수가 이루어진다면 이는 강력한 시그널로 판단합니다.

» 매수 규모의 판단
　당연히 매수 규모가 클수록 긍정적인 시그널입니다. 이때는 매수하는 내부자의 재산이나 연간 보수에 비추어서 어느 정도 규모인지를 판단하는 것이 도움이 됩니다.

» 증시가 강력한 조정을 받은 이후의 매수를 주목

당연한 말이지만 전체 증시가 강력하게 조정을 받은 기간 이후에 이런 내부자 매수가 이루어지는 기업의 빈도가 증가합니다. 따라서 이 구간에는 특히 다트전자공시를 매일 확인함으로써 내부자 매수가 이루어진 기업들을 유심히 관찰할 필요가 있습니다.

* 다트전자공시 5%·임원보고 화면

내부자 매수는 다트전자공시에 접속하셔서 '5%·임원보고'란을 클릭하시면 확인하실 수 있습니다.

증권사 리포트를
활용하라

증권사 리포트는 일종의 쇼핑 카탈로그라고 보시면 됩니다. 투자자에게 매일 좋은 상품 권유가 전달되는 셈입니다. 어떤 상품이 정말 가치가 있는 상품인지 알아보는 것은 오로지 투자자의 혜안에 달려있는 것입니다. 저는 증권사 애널리스트들에게 늘 감사하는 마음을 가지고 있습니다. 투자자로서 제가 할 일을 대신해 주고 시간을 절약해 주는 분들입니다. 또한 전문가들입니다. 저는 기업 조사를 업으로 삼는 애널리스트들보다 저의 기업 조사 능력이 뛰어나거나 정리 능력이 뛰어나다고 생각하지 않습니다. 다만, 한 분야를 오래 관찰하고 공부하다 보면 전체적인 업계의 내러티브나 기업이 돌아가는 상황이나 기술적인 측면은 이들보다 더 잘 알게 될 수 있습니다.

증권사 리포트를 어떤 시각으로 바라보면 좋을지, 그리고 어떻게 활용하면 좋을지에 대해 간략하게 살펴보겠습니다.

» 신뢰하는 애널리스트를 만들자

계속 보다 보면 자기랑 맞는 애널리스트가 생깁니다. 그리고 추적하다 보면 유달리 좋은 인사이트를 보여 주는 애널리스트가 있습니다. 이는 기간이 필요합니다. 오랜 기간 관찰하면서 검증해야 눈에 들어오기 때문입니다. 그리고 애널리스트마다 기업 이익을 보수적으로 잡거나 긍정적으로 보거나 하는 정도가 다 다르므로 이 정도는 알고 가는 것이 좋겠습니다. 자신이 증권사 리포트를 보고 매수했다면 애널리스트 이름을 반드시 기억합시다. 같은 종목이라도 증권사별로 조금씩 '숫자'들이 다를 수 있고 '전망'이 다를 수 있습니다. 기간을 두고 관찰하다 보면 누가 업계의 흐름을 정확하게 읽어내고 있는지가 관찰되실 겁니다.

» 종목보다는 산업 리포트를 자주 보자

일단 산업 리포트는 애널리스트들이 상당히 심혈을 기울여 씁니다. 그리고 종목은 주로 숫자를 가지고 이야기하지만 산업 리포트는 업황의 내러티브와 구조, 전망에 대해서 자세히 다루고 있습니다. 내가 영업 이익 전망치를 보고 종목을 사는 것과 산업을 이해하고 종목을 사는 것은 접근이 아예 다릅니다. 후자가 승자가 될 확률이 높습니다.

» 중소형주는 아래와 같은 종목을 눈여겨보자

중소형주는 일단 애널리스트들이 기업의 성장 전망이 긍정적이어야지 리포트를 쓰기 시작하는 경우가 많습니다. 따라서, 애널리스트가 새롭게 커버리지를 개시한 종목은 주의 깊게 관찰하셔야 합니다.

또한 소형주는 기본적으로 매출액 자체의 규모가 중요합니다. 기업의 사이즈가 커지기 위해서는 '매출액'이 늘어나는 것이 가장 기본 중의 기본입니다. 따라서 이익이 꾸준히 나고 있다고 해도 매출액 자체가 증가하지 않으면 성장에 한계가 있습니다.

예를 들어 시가 총액이 1,000억 정도인 두 회사가 있다고 가정해 봅시다. A라는 회사는 50억 정도씩 꾸준한 이익이 나고 있지만 매출액 규모가 시총인 1,000억을 넘어서지는 않습니다. 반면에 B라는 회사는 이익은 나지 않고 있지만 매출액 규모가 시총인 1,000억을 넘어 3천억, 4천억 이상으로 꾸준히 기업 사이즈가 커지고 있습니다.

이러한 상황에서는 회사 B가 투자자가 더 주목해야 될 회사라고 볼 수 있습니다. 시총보다 매출액이 더 큰지를, 그리고 매출액이 증가하는 소형주를 눈여겨보십시오.

마지막으로 실적이 적자에서 흑자로 전환되는 턴어라운드 소형주는 주목할 만합니다. 맞아 들어갈 시 큰 수익률을 거둘 수 있습니다. 다만 턴어라운드 주는 매우 강한 확신과 기업에 대한 분석을 필요로 하므로 조심해서 접근하는 것이 좋습니다.

» 팩트와 의견을 구분하자

팩트가 많은 보고서가 좋은 보고서입니다. 단순히 좋아질 것이다, 이쪽 산업 전망이 좋다 식의 애널리스트 의견이 많이 들어간 보고서는 위험할 수 있습니다. 단순 전망과 사실을 정확히 구분하셔야 합니다.

» 애널리스트의 STRONG BUY는 믿어 보자

애널리스트가 강력 매수를 주장하는 리포트가 새로이 발간되면 이 리포트는 주목해야 합니다. 데이터적으로도 긍정적인 수급과 주가의 상승 추세가 이어지는 경우가 많습니다.

» 애널리스트의 매도 사인을 신뢰하자

대부분의 증권사 리포트는 매수 사인을 냅니다. 여러 가지 이유로 매도 사인을 내기 어려운 애널리스트의 사정이 들어가 있습니다만, 가끔 중립(실질적 매도 의견)이나 매도 의견을 내는 애널리스트들이 있습니다. 이럴 때는 데이터상으로 단기간으로는 주가는 안 좋은 흐름을 그릴 확률이 훨씬 높습니다. 물론 내가 이 종목을 보유하고 있을 때 이런 매도 의견이 나온다면 화도 날 수 있겠지만 시장에서는 항상 냉정해져야 합니다. 보통 이런 때 지나고 나서 보면 그 애널리스트의 매도 의견이 옳았던 경우가 대부분입니다. 목표 주가를 높게 잡고 주가가 올라갈수록 리포트 목표 주가를 따라 상향시키는 애널리스트보다는 매도 의견을 내는 애널리스트를 오히려 더 신뢰하도록 합시다.

마지막으로 당부드리고 싶은 말씀은 증권사 리포트의 목표 주가에는 의미를 두지 마시라는 것입니다.

기본적으로 애널리스트는 부정적인 의견의 리포트를 쓰기가 어렵습니다. 실제로는 주가가 하락 추세이고 앞으로 당분간은 업황이 좋지 않을 것 같아도 목표 주가를 조금 낮출 뿐 매수 의견은 그대로 유지하는 경우가 많습니다.

반대로 주가가 상승 추세일 경우를 생각해 보겠습니다. 애널리스트가 주가가 7만 원인 종목을 10만 원대의 목표 주가로 제시했다고 가정해 봅시다. 하지만 실제로 업황은 그들이 생각한 것보다 조금 더 좋았고 주가는 올라서 10만 원을 넘어 11만 원이 되었습니다. 그러면 애널리스트들이 여기서 "목표 주가를 달성했으니 이제 매도하시는 것이 좋겠습니다."라고 목소리를 낼까요? 아닙니다. 업황은 여전히 좋은 상태이고 애널리스트들은 전망을 할 뿐이지 주가의 상승 추세가 어디까지 이어질지, 어디서부터 꺾이기 시작할지는 그들도 알 수 없습니다. 따라서 그들은 대개는 주가가 오르면 기계적으로 목표 주가를 따라 올립니다. 그러다 보면 주가가 최고점을 찍는 구간에서는 대개 이런 리포트의 제목이 많습니다. '○○의 전성기는 이제 시작', '기대보다 더 좋다' 등.

이러다가 주가는 기업의 실적보다 먼저 꺾이기 시작하므로 리포트에서는 최고로 좋다고 하는데 주가는 이미 정점을 찍고 내려가기 시작하고 있습니다. 그리고 주가가 한참 하락한 뒤에야 업황이 좋지 않다는 리포트를 접할 가능성이 높습니다.

물론 모든 증권사 리포트가 그런 것은 아닙니다. 때로는 주가가 한참 랠리를 펼치고 있는 상황에서 마치 찬물을 끼얹는 듯한 리포트를 내는 애널리스트들이 있습니다. 이런 애널리스트들을 더 좋아하셔야 합니다. 그들이 진짜일 확률이 더 높기 때문입니다. 증권사 리포트에서는 항상 부정적인 목소리에 귀를 더 기울이십시오.

이제 실제 증권사 리포트를 어떻게 해석하면 좋을지 사례로 한번 살펴보겠습니다. 슈프리마라는 기업입니다.

왼쪽 위부터 반시계 방향으로 보면 됩니다.
우선 시가 총액을 봅니다.
2,000억 원 정도의 소형주에 해당합니다.
목표 주가는 제시하지 않았습니다.
목표 주가는 다음과 같은 유형들이 있습니다.

NOT RATED: 평가를 하지 않는다는 뜻. 정식으로 커버하는 종목이 아니거나 혹은 기업의 성장성에 대해 확신이 없을 때.
BUY: 목표 주가 상향/하향
커버리지 개시: 앞으로 이 기업에 대해 주기적으로 커버하겠다는 의미이며, 특히 중·소형주의 경우 성장성을 의미 있게 보고 커버리지 개시를 하는 경우가 많음.
NEURAL(중립): 실질적인 매도 의견
SELL(매도): 매도 리포트는 거의 보기 힘듦.

Analyst 채윤석
02) 6915-5474
Chaeyunseok87@ibks.com

Not Rated

목표주가	—
현재가 (11/7)	28,000원

KOSDAQ (11/7)	700.48pt
시가총액	2,014억원
발행주식수	7,193천주
액면가	500원
52주 최고가	28,000원
최저가	19,600원
60일 일평균거래대금	10억원
외국인 지분율	6.9%
배당수익률 (2021.12월)	0.0%

주주구성	
이재원 외 5 인	29.40%

주가상승	1M	6M	12M
상대기준	17%	48%	65%
절대기준	17%	17%	16%

	현재	직전	변동
투자의견	Not Rated	—	—
목표주가	—	—	—
EPS(20)	1,331	—	—
EPS(21)	3,188	—	—

슈프리마 주가추이

슈프리마 (236200)

새로운 중동 훈풍이 불어온다

확보된 중동지역 레퍼런스, 네옴시티 수혜 기대

11월 3일, 슈프리마는 카타르의 인공섬인 펄 카타르(The Pearl-Qatar)에 멀티 리더기 엑스패스 2,500대, 바이오스타2 모바일 출입카드 3.5만개 수주 발표. 거주자들은 모바일 출입카드를 통해 단지 출입 예정이며, 시설 운영자는 보안 소프트웨어인 바이오스타2를 통해 거주민 및 방문자 출입통제 관리할 계획

슈프리마는 2016년 중동 법인 설립 후, UAE 석유회사 에드녹, 아랍 국립 은행, 사우디아라비아 과학기술정보통신부(NIC), 국부펀드(PIF) 등의 정부기관 및 주요 기업에 출입통제 솔루션을 공급한 레퍼런스를 보유하고 있으며 시장 점유율 1위 기록 중. 최근 이슈인 '네옴시티 프로젝트' 관련 건설 현장 및 주거용 출입통제 시장에서 수혜 가능성 존재한다고 판단

얼굴인식 기반 출입통제 솔루션 신제품 출시

차세대 출입통제 솔루션 바이오스테이션3 9월 출시 완료. 기존 바이오스테이션2 대비 가격경쟁력과 인식률 및 확장성 강화되었으며 인터콤 기능도 추가됨. 얼굴인식, QR 및 바코드, 모바일 출입카드, RFID 카드 등 다양한 인증 방식 제공

2022년 예상실적: 매출액 906억원, 영업이익 183억원

2022년 3분기 잠정 실적은 매출액 216억원(+23.3%, yoy), 영업이익 43억원(+9.0%, yoy) 기록. 누적으로는 전년 동기 대비 매출액 +24.87%, 영업이익 +18.16% 성장. 4분기 실적 계절성과 신제품 매출이 본격화된다는 점, 환율 효과를 고려하면 2022년 연간 매출액 및 당기순이익은 역대 최대 실적 경신 가능할 것으로 전망

호실적 전망, 낮은 PER Multiple, 안정적인 재무 현황을 고려하면 현 주가는 매력적인 수준이라 판단됨

(단위:억원,%)	2017	2018	2019	2020	2021
매출액	468	521	714	554	678
영업이익	125	120	252	112	163
세전이익	92	119	296	94	237
당기순이익	92	112	266	96	229
EPS(원)	1,295	1,587	3,733	1,331	3,188
증가율(%)	-18.2	22.6	135.3	-64.4	139.6
영업이익률(%)	26.7	23.0	35.3	20.2	24.0
순이익률(%)	19.7	21.5	37.3	17.3	33.8
ROE(%)	9.9	10.9	21.6	6.7	14.6
PER	18.1	16.4	9.1	22.3	7.8
PBR	1.7	1.7	1.8	1.5	1.1
EV/EBITDA	7.6	8.6	7.7	12.4	7.3

자료: Company data, IBK투자증권 예상

본 조사분석자료는 당사 리서치센터부에서 신뢰할 만한 자료 및 정보를 바탕으로 작성한 것이나 당사는 그 정확성이나 완전성을 보장할 수 없으며, 과거의 자료를 기초로 한 미래의 자료로서 향후 주가 움직임은 과거와 패턴과 다를 수 있습니다. 고객께서는 자신의 판단과 책임 하에 종목 선택이나 투자시기에 대해 최종 결정하시기 바라며, 본 자료는 어떠한 경우에도 고객의 증권투자 결과에 대한 법적 책임소재의 증빙자료로 사용될 수 없습니다.

* 슈프리마 증권사 리포트

배당 수익률은 0%로 배당을 주지 않음을 확인할 수 있습니다.

주주 구성은 대주주의 지분율이 약 30% 정도입니다.

30% 정도면 적당한 지분율이라 할 수 있습니다.

이보다 많이 낮으면 경영권이 침탈당할 위험이 있으므로 좋지 않고, 대주주 지분율이 60%~70% 이상으로 너무 높아도 유통 주식의 수가 적어 기관들이 거래하기 쉽지 않으므로 좋지 않습니다.

그다음 바로 숫자를 볼 수 있는 애널리스트의 요약표로 넘어옵니다.

역시 위에서부터 차례대로 보면 됩니다.

매출액은 꾸준히 증가하고 있는 추세이나 부침이 있습니다.

즉, 어느 정도 이상의 수익은 꾸준히 달성하고 있으나 변동성이 있습니다. 이런 변동성은 당연히 주가의 할인 요소가 됩니다. 이 점을 기억하십시오. 주가가 우상향하는 단 하나의 법칙은 '이익의 꾸준한 증가'입니다.

이 기업의 경우에는 기업의 매출에 변동성을 끼치는 요인이 무엇인가를 파악하는 것이 중요하겠습니다.

다음 영업 이익과 밑의 영업 이익률을 같이 봅니다. 영업 이익률이 꾸준하게 20% 이상의 수치를 보여 주고 있고, 이익도 100억 이상씩 매년 내고 있습니다. 나무랄 데가 없습니다.

2022년 예상실적: 매출액 906억원, 영업이익 183억원

2022년 3분기 잠정 실적은 매출액 216억원(+23.3%, yoy), 영업이익 43억원(+9.0%, yoy) 기록. 누적으로는 전년 동기 대비 매출액 +24.87%, 영업이익 +18.16% 성장. 4분기 실적 계절성과 신제품 매출이 본격화된다는 점, 환율 효과를 고려하면 2022년 연간 매출액 및 당기순이익은 역대 최대 실적 경신 가능할 것으로 전망

호실적 전망, 낮은 PER Multiple, 안정적인 재무 현황을 고려하면 현 주가는 매력적인 수준이라 판단됨

(단위:억원,배)	2017	2018	2019	2020	2021
매출액	468	521	714	554	678
영업이익	125	120	252	112	163
세전이익	92	119	296	94	237
당기순이익	92	112	266	96	229
EPS(원)	1,295	1,587	3,733	1,331	3,188
증가율(%)	-18.2	22.6	135.3	-64.4	139.6
영업이익률(%)	26.7	23.0	35.3	20.2	24.0
순이익률(%)	19.7	21.5	37.3	17.3	33.8
ROE(%)	9.9	10.9	21.6	6.7	14.6
PER	18.1	16.4	9.1	22.3	7.8
PBR	1.7	1.7	1.8	1.5	1.1
EV/EBITDA	7.6	8.6	7.7	12.4	7.3

자료: Company data, IBK투자증권 예상

* 슈프리마 증권사 리포트

그다음 투자 지표인 PER와 PBR 등을 보겠습니다.

이때는 이 기업의 섹터를 고려해야 합니다. 이 기업은 정보 보안 기업입니다. 제조업이 아닙니다. 일반적으로 멀티플을 높게 받는 기업입니다. 따라서 10배~20배 사이의 PER는 적당하다고 보입니다. 싸다고 보기에는 조금 아쉽고 그렇다고 절대 비싸지도 않은 가격대라 보입니다.

재무상태표

(억원)	2017	2018	2019	2020	2021
유동자산	650	818	880	789	819
현금및현금성자산	311	122	149	303	313
유가증권	140	358	172	155	83
매출채권	82	82	111	96	138
재고자산	64	92	121	113	141
비유동자산	384	340	610	753	944
유형자산	50	54	54	88	96
무형자산	92	49	70	78	93
투자자산	223	220	466	569	731
자산총계	1,034	1,157	1,490	1,542	1,764
유동부채	53	63	111	68	84
매입채무및기타채무	29	33	24	29	36
단기차입금	0	0	0	0	0
유동성장기부채	0	0	0	0	0
비유동부채	8	8	8	8	9
사채	0	0	0	0	0
장기차입금	0	0	0	0	0
부채총계	60	70	119	76	92
지배주주지분	974	1,087	1,371	1,466	1,671
자본금	35	35	36	36	36
자본잉여금	732	732	763	763	763
자본조정등	1	4	−8	−9	−32
기타포괄이익누계액	1	−1	−1	2	1
이익잉여금	204	316	582	674	903
비지배주주지분	0	0	0	0	0
자본총계	974	1,087	1,371	1,466	1,671
비이자부채	60	70	119	76	91
총차입금	0	0	0	0	1
순차입금	−452	−480	−321	−458	−395

* 슈프리마 재무상태표

그다음 재무상태표를 보겠습니다.

간단하게 보기 위해서는 유동자산이 유동부채보다 많은지 확인하고, 현금성 자산을 얼마나 들고 있는지 확인합니다. 기업은 돈을 못 벌어 적자를 계속 낼 때 망하는 것이 아니라 부채를 탕감할 수 없을 때 망하는 것입니다.

이 기업의 시가 총액은 2,000억 원대입니다.

유동성 자산이 유동부채보다 압도적으로 많은 것을 확인할 수 있습니다. 즉, 재무 상태가 매우 안정적입니다.

현금성 자산도 300억 원 정도 들고 있습니다. 기업의 시가 총액에 비하면 적절한 현금을 들고 있는 것이라 볼 수 있습니다.

유동부채 쪽을 살펴보면 단기차입금과 부채가 제로 상태입니다. 무차입 경영 상태로 재무는 나무랄 데가 없습니다.

주의해서 볼 부분은 이익잉여금입니다.

기업이 돈을 벌어들이면 이 돈은 다시 '재배치'가 됩니다.

그런데 이 기업은 이익잉여금을 계속해서 쌓고 있습니다.

배당금도 주지 않습니다. 이 부분을 확인해야 합니다.

자, 여기서부터는 이제 개인 투자자의 몫입니다. 돈도 잘 벌어들이는데 왜 배당을 주지 않을까요?

우리는 검색의 민족입니다. 포털에 검색 능력을 총동원하여 뉴스나 기삿거리를 찾아봅니다.

슈프리마 배당, 슈프리마(대표 이름), 슈프리마 배당 정책, 슈프리마 주주 환원 정책 등의 키워드를 검색해서 말 그대로 스스로 공부를 하는 단계입니다.

슈프리마	제1호: 제6기(2020년01월01일~2020년12월31일) 재무상태표, 포괄손익계산서 및 이익잉여금처분계산서(안) 및 연결재무제표 승인의	3,814	0.053022	3,814	3,814	동사는 슈프리마HQ에서 인적분할하여 신설된 이후 한차례도 배당을 지급하지 않음. 동사의 현금 창출 능력과 이익 규모를 감안할 때 배당을 지급하지 않음을 납득하기 어려움
엘케시	제1호: 제22기 개별재무제표 승인의 건	53,637	0.793018	53,637	53,637	지난 3년간 꾸준히 배당금을 증액하고 있음에도 여전히 이익 규모에 비해서는 과소한 배당을 지급하고 있다 판단
팀스	제2호: 정관 일부 변경의 건	67,502	0.524637	67,502	67,502	동 회사의 경우 이와 같은 배당정책의 공시 여부가 확인되지 않아 본 의안에 반대
덕산네오룩스	제1호: 제7기(2020.1.1~2020.12.31) 재무제표 승인의 건	148,236	0.617392	148,236	148,236	2014년 덕산하이메탈로부터 인적분할된 이래 무배당 정책 고수, 사업적인 성과를 감안하였을 때 납득되지 않음
티씨케이	제1호: 제26기 재무제표 승인의 건	158,508	1.357670	158,508	158,508	전기 대비 200원 증가한 보통주 1주당 1,100원의 현금배당 결의, 동종업계에 비해서는 높은 배당성향(21.2%)이지만 높은 현금 창출 능력을 바탕으로 2020년 회사의 순현금은 전기 대비 423억원 증가한 1,392억원을 기록하였고 이에 비해 배당금 총액 128억원은 과소하다 판단

이밖에 메리츠자산운용이 배당에 문제가 있다고 판단한 기업은 슈프리마와 덕산네오룩스다. 양사 모두 무배당 정책을 고수하고 있다. 메리츠자산운용은 사업 성과를 감안할 때 납득하기 어렵다는 입장이다.

* 기사 내용 중 일부 발췌

필자가 여러 검색어를 치고 한 5분 남짓 검색을 하다 보니 이런 기사를 발견할 수 있었습니다.

이런 식으로 스스로 궁금증을 계속 이어 나가야 합니다. 배당에 문제가 있구나. 그럼 경영진의 생각은 어떠할까? 왜 배당을 안 줄까에 대한 검색으로 계속 이어져야 하고 이 궁금증이 해소가 안 되면 회사에 전화를 해서 해결하면 되는 것입니다.

다음 단계는 스스로 해 보길 권합니다.

씨에스윈드 112610

3Q22 Review:
호재와 아쉬움이 교차

- 3Q22 연결 영업이익은 202억원(+57.6% YoY)을 기록하여 컨센서스(212억원)에 부합
- 영업 마진은 소폭 개선되었으나 탑라인과 수주는 예상 대비 부진
- 2023년 풍력 시장 회복+2024년 미국 IRA 효과 본격화, 중간 선거 영향은 제한적
- 단기 밸류 부담있으나 미국 공장 증설 구체화 시 프리미엄 정당화 가능
- 투자의견 Buy, 적정주가 86,000원을 유지

Analyst 문경원, CFA
02. 6454-4881
kyeongwon.moon@meritz.co.kr

Buy

적정주가 (12개월)	86,000 원
현재주가 (11.9)	65,900 원
상승여력	30.5%
KOSPI	2,426.41pt
시가총액	27,791억원
발행주식수	4,217만주
유동주식비율	55.74%
외국인비중	10.34%
52주 최고/최저가	70,700원/45,500원
평균거래대금	208.9억원

주요주주(%)

김성권 외 22 인	42.36
국민연금공단	11.55

주가상승률(%)

	1개월	6개월	12개월
절대주가	0.3	25.5	2.0
상대주가	-7.6	35.2	24.7

3Q22, 수익성 개선 대비 아쉬웠던 탑라인

3Q22 연결 영업이익은 202억원(+57.6% YoY)을 기록하여 컨센서스(212억원)에 부합했다. 바이럴 적자 축소, 환율 효과 등으로 영업 마진은 소폭 개선되었다(+0.4%p QoQ). 하지만 1환손실(순손실 -210억원)으로 순이익은 기대를 하회했다. 2개출액이 소폭(-1.3% QoQ) 하락했다는 점에서 다소 아쉬운 실적이다. 3Q22 수주는 1.87억 달러(-5.1% QoQ, +10.7% YoY). YTD 누적 7.67억달러를 기록했다(가이던스 대비 59%). 4Q22부터 본격적인 수주 회복 흐름이 나오고 있으나 3Q22 수주 부진으로 연간 수주 가이던스에는 소폭 미치지 못할 것으로 보인다.

미국 시장에 가장 공격적인 업체

동사는 중간 선거 결과에 관계없이 미국 풍력 시장 성장성을 높게 평가 중이다. 역사적으로 풍력 PTC(Production Tax Credit) 시행 시 설치량이 반등했다는 점을 감안하면 2023년에도 수주 확대가 기대되며, 2024년에 그 성장은 본격화 될 전망이다. 미국 중간 선거가 풍력 PTC에 미칠 영향은 미미할 것으로 본다. 공화당이 3분의 2 이상의 좌석을 차지할 가능성이 제한적이고, 2인플레이션 대응은 초당적 과제이기 때문이다. 한편, MTC(Manufacturing Tax Credit)은 의견 수렴 과정을 거치고 있는 상황으로 1Q23 이전에 구체적인 혜택 정도를 계산해볼 수 있다.

증설 모멘텀 감안하면 중장기적으로 고객사 대비 프리미엄 부여 가능

2023년 기준 PER은 28.6배 수준으로 Vestas의 29배(2024년 기준)에 가까워졌다. 단기적으로는 밸류에이션 부담이 있을 수 있으나, 미국 공장 증설이 구체화됨에 따라 중장기적으로 밸류에이션 프리미엄도 가능하다는 판단이다. 투자의견 Buy, 적정주가 86,000원을 유지한다.

(십억원)	매출액	영업이익	순이익 (지배주주)	EPS (원) (지배주주)	증감율 (%)	BPS (원)	PER (배)	PBR (배)	EV/EBITDA (배)	ROE (%)	부채비율 (%)
2020	969.1	97.6	30.9	845	-3.1	11,314	104.8	7.8	25.4	8.2	98.6
2021	1,203.4	101.0	66.2	1,601	70.1	21,204	41.0	3.1	21.5	10.1	87.4
2022E	1,478.5	85.0	16.2	385	-85.9	20,826	171.4	3.2	20.6	1.8	91.9
2023E	2,002.1	139.1	97.3	2,306	953.0	22,543	28.6	2.9	15.0	10.6	89.0
2024E	2,159.8	159.9	113.3	2,687	16.5	24,641	24.5	2.7	13.3	11.4	83.6

meritz 메리츠증권

* 씨에스윈드 증권사 리포트

두 번째 사례를 보겠습니다. 잘 알려진 기업이기도 합니다.

처음 투자하는 투자자의 입장에서 보도록 하겠습니다. 시가 총액은 2조 7,000억, 중형주 사이즈입니다. 유동 주식 비율은 적절합니다. 대주주 지분율도 적당합니다.

이제 '숫자'를 확인할 차례입니다. 우선 매출을 봅시다.

매출의 증가세가 작지 않습니다. 매출 증가율이 매우 높습니다. 즉, 이 기업이 뭐 하는 기업인 줄은 몰라도 매출액의 증감 추세를 보고 이 기업은 '성장주'라고 판단을 해야 합니다.

그런 다음 투자 지표를 확인해 보겠습니다.

역시 PER 지표가 높습니다. 20배 이상입니다.

이 기업의 섹터를 볼까요? 풍력 관련주입니다. 신재생 에너지로 대표되는 대표적인 성장주입니다.

이런 성장주는 당장의 숫자보다 '내러티브'가 더 중요합니다.

즉, 이 기업은 앞으로의 성장 가능성과 실현 가능성에 초점을 두고 평가를 해야 합니다.

다시 말해 숫자보다 텍스트를 잘 읽고 이해해야 하며, 기업의 경쟁 우위나 관련 정책의 방향, 업황 등을 확인해야 합니다. 숫자보다는 이런 방향성이 이런 성장주 주가의 트리거가 되기 때문입니다(성장주가 실적이 잘 나오는 것은 기본입니다).

우선 잘 쓰인 '산업 리포트'가 있는지 찾아봅시다.

보통 산업 리포트에는 그 기업의 업황을 상세하게 서술해 놓기 때문입니다. 그런 다음 관련 뉴스들과 궁금한 점을 스스로 찾아보면 됩니다.

뉴스에
팔아라

"소문에 사서 뉴스에 팔아라."라는 조언은 받아들이는 것이 좋습니다. 필자가 생각하는 뉴스와 정보에 대한 접근 방법을 간략하게 적어 보았습니다.

· 뉴스에 사지 않습니다.
: 뉴스만으로 절대 종목을 매수하지 않습니다.

· 뉴스에 종목이 어떻게 반응하는가를 관찰합니다.
: 이 종목이 뉴스에 어떻게 반응하는가는 중요합니다. 투자자로서 알고 있어야 하는 부분입니다. 종목마다 트리거가 다릅니다. 뉴스에 움직이는 종목이 있고, 기관 수급에 움직이는 종목이 있고, 실적에 움직이는 종목이 있고 종목마다 다 주가를 움직이는 트리거가 다릅니다.

· 소외된 뉴스와 정보가 좋습니다.

· 나한테 들어오는 정보는 가장 늦은 정보입니다.
: 뉴스는 이미 발생한 사건을 보도하는 것입니다. 하지만 주식은 미래를 반영합니다.

· 뉴스에 '크게' 반응하지 않는 종목이 더 좋은 종목입니다.

· 뉴스에서 '데이터'만 취하라.

: 자극적이고 폭력적이고 '나쁘고 부정적인' 뉴스가 더 잘 팔립니다. 따라서 이런 뉴스에는 심리적인 손실 위험 회피 경향이 작동하므로, 군중심리가 과잉 반응하는 경우가 많습니다. 기회가 있는 경우가 있습니다.

> **뉴스에서 들었으니까 틀림없을 거라는 말은 이번에는 다르다는 말과 함께 시장에서 가장 값비싼 대가를 치르게 되는 말이다.**
>
> – 켄 피셔, 『주식 시장의 17가지 미신』 中

🔍 투자 꿀팁

✓ ○○관련주를 조심하라

필자는 테마주를 좋아하지 않습니다. 보통 투자자가 뉴스거리를 보게 되면 이와 관련된 수혜주를 찾기 마련인데, 포털 사이트에 ○○관련주라는 키워드로 검색을 하게 되면 쉽게 관련주들을 찾아볼 수 있습니다.

요즘은 정보 접근성에 거의 차이가 없긴 하지만 그래도 개인 투자자들에게 정보가 도달하는 속도가 가장 느리다고 봐야 합니다. 즉, 뉴스로 접하는 소식들은 대개는 이미 시장에 충분히 반영된 성질의 재료입니다.

따라서, 내가 어떤 관련주들을 검색했을 때 이미 그 자료가 잘 정리되어 있는 상태라면 십중팔구 그 재료는 대부분 시장에 반영되어 있습니다. 주가가 오르는 경우는 군중 심리와 투기꾼들의 돈이 주가를 더 밀어 올리는 것입니다.

기업의 이익을 얼마나 증가시킬 수 있는지, 일회성은 아닌지, 확실한 뉴스인지, 단순 기대감은 아닌지 확인해야 하고 차트로 판단했을 때 이미 기대감으로 상승한 흔적이 있다면 접근하지 않는 것이 좋습니다.

종목 선정을 위해
필요한 3가지 소스

아마 많은 투자자 분들이 이 파트를 궁금해하실 것 같습니다. 보통 긴 고민과 투자를 위한 노력 끝에 나오는 질문이 "그래서 뭐 사요?" 로 귀결됩니다.

일단 먼저 말씀드리고 싶은 것은 종목의 선정보다는 대응이 더 중요하다는 것입니다. 투자의 고수와 하수가 있다고 가정해 보겠습니다. 투자의 고수들은 하락하는 종목에 피해를 덜 입고 상승하는 종목에서 크게 수익을 가져갑니다. 하수는 그 반대로 하겠지요.
"왜 이런 차이가 날까?"에 대한 고민이 먼저 필요합니다.

각설하고 필자는 종목 선정에 필요한 소스는 아래 세 개면 충분합니다.

- 매일 나오는 증권사 리포트, 특히 인뎁스 리포트나 커버리지 개시하는 리포트
- 증시의 강력한 하락 구간에 나오는 일부 기업 경영진들의 매수 시그널
- MTS, HTS 등으로 매일 확인해 볼 수 있는 장후의 기관 수급 현황 및 차트 및 거래량

저는 이 세 가지면 투자자분들이 매일 신문을 읽지 않아도, 온갖 뉴스와 테마주를 뒤져가며 불필요한 에너지를 쏟지 않아도 충분히 든든한 종목 풀을 만들 수 있다고 확신합니다.

간략하게 하나씩 보겠습니다.

먼저, 매일 증권사 리포트를 확인합니다. 모든 리포트를 당연히 꼼꼼하게 읽을 필요가 없습니다. 보통 대형주나 잘 알려진 우량주들은 커버하는 애널리스트들이 많기에 정기적으로 리포트가 나옵니다. 이런 리포트들은 일종의 '소식지' 개념으로 접근해야지, 목표 주가가 높다거나 BUY 사인이 있다고 해서 매수해야 한다는 관점으로 접근하지 않습니다. 매수를 위해서는 말 그대로 특별한 게 있어야 하는 것입니다. 저는 특히 애널리스트가 심혈을 기울여 쓴 인뎁스 리포트나 새로 증권사에서 커버리지를 개시한 종목 리포트를 유의 깊게 관찰합니다.

욕심내지 않고 매일 발간되는 증권사 리포트 중 하루에 한 종목만 풀에 넣고 천천히 살펴보며 공부를 해 나가도 살 종목이 없다는 말은 안 하실 수 있습니다.

두 번째로 증시의 강력한 조정 구간에 다트전자공시를 통해서 경영진들의 자사주 매입이나 장내 매수가 있는 기업들을 유심히 살펴봅니다. 때때로 매우 좋은 기회를 가져다줍니다. 이 방법의 좋은 점은 시장에서 주목받지 않는 소위 소외주들 중에서 보석 같은 종목들을 발굴할 수 있기에 투자 아이디어가 맞아 들어간다면 큰 기회를 잡을 수 있는 기회가 숨어있는 경우가 있습니다.

마지막으로 매일 장이 끝난 후 기관 거래 현황을 살펴봅니다. 필자는 주로 외국인보다는 기관들의 거래 현황을 차트와 함께 관찰합니다. 외국인 자금은 주로 대형주에 집중되기 때문이기도 하고, 아무래도 긴 관점에서의 접근이 많기 때문에 단기 시장의 주도주를 찾는 데는 기관의 수급 현황을 추적하는 것이 더 유리한 측면이 있습니다. MTS나 HTS를 통해 장후 기관 수급을 관찰하는 데는 많은 시간이 소요되지 않습니다. 이 방법의 좋은 점은 기관의 수급 현황을 매일 관찰할 수 있기 때문에 단기 시장의 주도 섹터를 놓치지 않게 됩니다. 물론 기관의 수급이나 흐름대로 다 따라 사야 하는 것은 아니지만 적어도 지금 시장의 방향성에 대해서는 큰 흐름을 잡고 갈 수 있게 됩니다.

이 세 가지 요소면 종목 발굴은 충분합니다.

증권사 리포트가 발간되지 않는 소외주들은 개인 투자자들이 접근하기에는 한계가 있습니다. 기관 자금이 들어오지 않는다는 말과도 어느 정도 같은 의미이기에 매우 오랜 시간 기다릴 수 있어야 하고, 분석도 스스로 해야 하기에 쉽지 않습니다. 증권사 리포트들만 잘 추적해도 미래의 주도 주와 주도 섹터를 놓치지 않고 충분히 잡을 수 있습니다.

또한, 다트전자공시를 통해 개별 기업들의 변화를 관찰하다 보면 '나만의' 전략적인 주도 종목을 발굴할 수 있습니다. 여기에다 매일 기관 수급을 잘 관찰하다 보면 위의 두 방법과 상관없이 실제로 지금 시장의 자금이 어디로 쏠리는지 관찰되기 때문에 전체적인 시장흐름과 주도 종목군이 투자자의 바운더리 안에 들어올 수 있습니다.

이 정도면 정말 충분합니다. 이 루틴만 반복하셔도 정말 시장에 늘상 있는 테마주 군을 제외하고는 시장의 전체적인 흐름이 어떻게 흘러가는지, 지금 주도 섹터는 어디인지, 이 종목들이 왜 오르고 내리는지에 대해서 보는 눈을 가질 수 있게 됩니다.

단, 주의하실 것이 있습니다.

종목 발굴에 테마주는 제외하십시오. 일절 관심을 두지 마십시오. 등락률 순위에 매일같이 랭크돼도 일말의 관심을 두지 마시고 목록에서 안 보이도록 삭제하시기 바랍니다.

밸류는 기본입니다. 따라서 증권사 리포트든 경영진이 장내 매수를 하는 기업이든 기관 수급이 붙는 기업이든 간에 적자 기업은 말할 것도 없고 밸류 지표들이 높거나(ex: per 20배 이상), 이익이 들쑥날쑥하거나, 현행 지표들은 별로 좋지 않은데(지금 이익 체력은 낮은데), 미래가 굉장히 낙관적으로 그려지는 전망 좋은 종목들은 잘 보지 않습니다.

지금도 저평가되어 있는 것처럼 보이는데 앞으로도 이익이 증가할 것 같은 기업들만 가져갑니다.

이렇게만 하셔도 종목은 부족하지 않습니다.

🔍 투자 꿀팁

주가 상승에 촉매가 되는 요인들을 정리해 보면 아래와 같다.

· 실적 상승

· 구조 조정 및 비용 절감

· M&A

· 경영진 교체 및 주주 환원 정책 실시

· 행동주의 주주

· 신제품/신사업

· 자사주 매입/배당금

· 기업 분할/사업부 매각

WISE

INVESTMENT

PHILOSOPHY

제4장

매도
전략

일반적인
매도 기준

먼저 일반적인 매도의 기준을 정리해 보았습니다.

단기~스윙	장기
추세선 깰 때 (보통 20일 선을 추세선으로 보고 45일 선, 60일 선 등으로 갈수록 긴 관 점이다. 급등주에 탔다면 20일 선은 최 후의 보루다. 무조건 나와야 한다.) 추세선을 깬다면 기업의 문제가 없이 증 시에 의해 빠지는 것이라도 단기, 스윙 관점으로 종목을 매수했다면 분할 매도, 전량 매도를 함이 맞다.	투자 아이디어의 훼손
매물대 저항 (보조 지표 매물대 저항 설정, 주가가 상 승하다 두터운 매물대에 도달하는 경우 매도한다.)	내재 가치 도달 (본인이 생각한 주가에 도달하는 경우)
수급 주체의 매도 (ex: 연기금이 연속적 매수를 하여 주가 를 끌어올린 것으로 추정된다면 연기금 이 매도하기 시작하면 같이 매도한다.)	다른 더 매력적인 종목을 발견한 경우

주가가 박스권일 경우 박스권 상단 도달	거시 경제 환경이 너무 안 좋은 흐름으로 가는 경우 (이럴 때는 장기간 여유가 될 때는 주가가 내려가는 걸 기회로 삼고, 아닌 경우 자금 흐름 고려하여 분할 매도)
주가가 급등하는 경우 (호재의 크기에 따라 다르나 중·소형주 7~10% 이상, 대형주 3~5% 이상 등 각자의 투자 기간 및 기준을 삼아 급등하는 경우 단기로 들어갔으므로 수익이 날 때 매도한다.)	PER 매도법(다른 지표도 대체 가능, 본인만의 기준) (ex: 현재 PER이 10이다, 본인은 PER 20배 수준까지는 기대한다는 경우, PER 15에 도달하면 50% 매도 PER 20에 도달하면 30% 매도 PER 8로 낮아지면 20% 추가 매수 등 구체적인 본인만의 기준 설정)

　일반적으로 위와 같은 매도의 기준 아래 구체적으로 매도할 때 어떤 마음가짐으로 임하는 게 좋을지, 어떤 전략으로 매도를 하면 좋을지에 대해서 하나씩 살펴보겠습니다.

명심해야 할
8가지 매도 법칙

먼저 생각해야 할 점은 필자가 생각하기에 매도와 매수 중에 뭐가 더 중요하냐고 묻는다면 매수가 훨씬 중요하다고 답해 드리겠습니다. 매수만 성공적으로 잘하면 그다음부터는 모든 게 쉽기 때문입니다. 애초에 손절할 상황을 만들지 않는 것이 가장 중요합니다.

하지만 내가 투자하는 모든 종목에 있어 성공적인 매수를 하기는 쉽지 않습니다. 때로는 시장의 냉혹함에, 때로는 종목 선정의 실수에, 또는 내가 전혀 예상하지 못하고 할 수 없었던 악재들이 발생하기도 하는 것이 시장입니다.

우선 성공적인 매도를 하기 위해서는 다음과 같은 점을 마음속에 깔아둘 필요가 있습니다.

- **최고점에는 팔 수 없다.**
- **수익은 반드시 수익일 때 지킨다.**
- **시장의 심리를 읽어라.**
- **주가가 올라갈수록 기술적 시그널에 주목한다.**

- 일부 물량은 반드시 남겨둔다.
- 사자마자 수익이 나면 매도하지 마라.
- 손익비의 개념을 항상 생각해라.
- 필요한 경우에는 손절을 해라.

하나씩 살펴보도록 합시다.

» 최고점에는 팔 수 없다

당연한 것입니다. 최고점에는 팔 수도 없고 팔아서도 안 됩니다. 주식 시장이 서로 나누는 상생의 게임은 아니지만 내가 최고점에 팔면 그 물량을 받는 누군가는 피눈물을 흘릴 수 있다는 것을 기억합시다.

기업이 성장하는 만큼만 온전히 그 가치를 누리는 투자자가 되려는 마음가짐을 가지면 좋습니다. 이 무슨 선량한 소리냐 할 수 있겠지만, 저는 부자가 되려면 부자 마인드를 가져야 된다고 생각합니다. 그리고 처음부터 최고점에는 팔 수 없다는 마음을 가지고 있으면 마음도 느긋해지고 주가가 급등하거나 급락하는 변동성에 휘둘리지 않는 심지를 가지게 됩니다. 올라갈 종목은 결국 올라가고 내려갈 종목은 결국 내려가게 되어 있습니다. 장중 시세나 하루 이틀 시세에 휘둘리면 좋지 않은 결과를 가져올 가능성이 높습니다. 물론 대량의 거래량이 실리는 경우는 예외로 합니다. 요는 주가의 최고점에서 내가 모든 물량을 팔아 치우겠다는 마음가짐보다는 적절히 기업가치의 상승을 누리며 분할 매도로 어깨에서 팔겠다는 마음가짐을 가지는 것입니다.

» 수익은 반드시 수익일 때 지켜라

아주 중요한 원칙입니다. 시장은 내가 얼마에 샀는지 알지 못합니다. 운

좋게 바닥에서 잡을 수도 있고, 시세가 진행되는 중간 부분이 내 평단가 언저리가 될 수도 있습니다. 또한 단기간 주가는 많은 것에 영향을 받습니다. 대부분의 종목은 시장을 이겨낼 수 없습니다. 내가 매수한 시점으로부터 수익이 나고 있다가 추세가 꺾이고 수익의 3/4 지점까지 돌리는 지점으로 오는 시세 되돌림 현상은 좋은 징조가 아닙니다.

사실 이 지점까지 주가가 돌리게 되면 아쉬운 마음에 매도 버튼을 클릭하기가 쉽지 않습니다. 그러나 그게 어떤 이유든 시세가 연속적으로 이어지는 종목은 주가의 눌림을 3/4 지점까지는 대개 가져가지 않습니다. 설령 추후 시세를 놓치더라도 수익은 수익일 때 반드시 지키는 게 좋습니다.

다시 말하지만 기회는 조금 놓쳐도 됩니다.

> 후회에 두 가지가 있으니 이것을 생각할 것.
> 시세 변동의 때 지금 5, 6일 기다릴 때는
> 충분히 얻을 이익을 섣불리 서둘러서 2, 3할
> 놓치고 나서 후회하는데 이는 웃고 넘어갈 후회이다.
> 또 7, 8할 이익이 될 쌀을 욕심에 휘둘려
> 결국 하락으로 손실을 보고 후회하는데 이는 고생 끝에 후회이다.
> 신중하게 생각할 일이다.
>
> – 『거래의 신, 혼마』 中

» 시장의 심리를 읽어라

기본적으로 주가는 수급이 결정합니다. 이 사실을 잊어서는 안 됩니다. 업황이 어떻든 매크로가 어떻든 간에 오른 가격에도 사고자 하는 사람이 많으면 주가는 올라가고 매도할 사람이 없어지면 주가는 올라가게 되어 있습니다.

기본적으로 주가는 매도세와 매수세의 힘의 균형이 맞추어지는 쪽으로 흘러갑니다. 그렇기 때문에 캔들 모양이나 거래량 등을 보고 기본적으로 종목 자체의 매수세와 매도세를 읽고 이에 시장 심리와 매크로 상황을 더해서 저울의 추가 어디로 기울어지는지 판단해야 하는 것이죠. 단기 시세를 파악하는 것은 매우 쉽지 않습니다.

- 캔들의 모양이 얇아지는 것은 매도세가 줄어든다는 뜻이다. 즉, 파는 사람이 점점 없어지고 있다는 뜻이다.
- 바닥에서 꼬리 형태의 캔들이 등장하면 추세 전환을 예고한다.
- 거래량이 실리는 형태면 신뢰도가 증가한다.

» 주가가 올라갈수록 기술적 시그널에 주목한다

주가가 본격적으로 시세를 받는 구간에는 어느 정도는 그냥 지켜보는 게 좋습니다. 잘하고 있는 종목은 잘하게 내버려 두는 게 좀 필요합니다. 괜히 장중 시세를 보고 있으면 시세 따라 심리적으로 같이 흔들리기 때문에 결과론적으로 좋지 않은 매도를 하게 될 확률이 높습니다.

주가가 어느 정도 시세를 냈을 때는 거래량과 이평선을 주목하는 게 좋습니다.

오른 주가에서 거래량 동반은 위험한 신호입니다. 대량의 거래량을 동반하면서 장대 음봉을 만들거나 주요 이평선(10일, 20일 선)을 깨는 흐름을 보인다면 물량을 청산해야 합니다.

» 수익이 나는 포지션에서는 일부 물량을 반드시 남겨 둔다

투자를 하다 보면 모든 종목에서 시그널들이 명확하게 나타나지는 않습니다. 일부 물량(약 20%~30%)은 항상 남겨 놓고 완전히 주가가 꺾이는 모습을 보고 팔아도 늦지 않습니다. 결과론적으로 매도 단가를 평균으로 계산해 보면 어깨에 판 격이 됩니다.

» 사자마자 수익이 나면 매도하지 마라

특히 5% 이상의 수익이 날 때는 부분 매도하더라도 일부 물량은 남겨 두고 끌고 가는 것이 좋습니다. 좋은 패는 계속 쥐고 가는 것입니다.

» 손익비의 개념을 항상 생각하라

수익의 크기가 손실의 크기보다 커야 됩니다. 수익은 10% 미만에서 나는 대로 족족 거둬들이고 손실은 버티고 버티다 30% 정도에서 확정을 지어 버리는 구조로 투자를 진행하면 손익비가 성립하지 않기 때문에 절대 돈을 벌 수 없게 됩니다.

3대 1 정도의 손익비를 항상 생각하는 것이 좋습니다.

손실은 5~7% 사이에서 확정 지을 수 있어야 하고, 수익은 20% 이상에서 거둬들이는 투자 형태가 되어야 합니다. 이렇게 하면 손실을 3번 확정 지어도 한 번만 수익을 거둬들이면 손실을 입지 않습니다. 손익비를 항상 생각합시다.

우리가 어떤 종목을 살 때 주가 하락을 대비해 분할 매수할 때가 있습니다. 이때 예상한 범위에서의 주가 하락은 괜찮지만 그 이상을 넘어서는 주가의 하락으로 손실도 커지고 포트 내에 비중도 커지는 경우라면 이때는 정말 이 종목에 강한 확신과 단기간 내 모멘텀이 있는 경우가 아니라면 비중을 줄여 나가는 것이 좋습니다. 손실은 키우지 않으면 됩니다. 자꾸 키우니까 전체 계좌를 좌지우지하는 것입니다.

» 필요한 경우에는 손절을 해라

구체적으로 어떠한 경우에 손절을 하면 좋을지에 대해 알아보겠습니다.

손절할
결심

　우리가 "왜 손절을 해야 하는가?"를 생각해 보기에 앞서서 신중하게 기업 가치 판단을 하고 분별력 있고 인내심 있게 매수를 하면 손절을 할 확률은 줄어든다는 것을 먼저 염두에 두시면 좋겠습니다. 손절하지 않을 상황을 만드는 것이 최선입니다.

　하지만 우리는 늘 실수를 저지릅니다. 또는 예상하지 못했던 일이 발생하기도 합니다. 손절이 필요한 경우가 어떠한 경우들이 있는지 간략히 정리해 보았습니다.

> 1. 기업을 잘못 판단한 경우
>
> 2. 더 나은 기대 수익률을 가진 종목이 있는 경우
>
> 3. 사이클의 고점에서 매수했다고 판단되는 경우
> : 이런 경우에는 내가 싸게 산 거 같아도 기업의 실적이 꺾이게 되므로, 주가가 하락해도 밸류는 자꾸만 높아지게 됩니다.
>
> 4. 기업의 사업 영역에 대해 잘 알지 못하는 경우
> : 변명의 여지가 없습니다. 이런 경우 남에게 물어보게 됩니다.

5. 주가의 변동 자체에 무관심해진 경우

: 주로 심하게 물렸을 때 발생하는 경우가 많습니다.

6. 포트폴리오에서 차지하는 비중이 매우 큰 경우

: 포트폴리오에서 차지하는 비중이 매우 크면 그게 수익이든 손실이든 어느 정도는 리밸런싱을 해 주는 게 좋습니다.

7. 가치 판단이 안 될 때

: 지금의 주가가 '싼' 국면인지, '비싼' 국면인지 스스로 가치 판단이 안 되거나 확신이 없을 때는 비중을 줄이는 것이 좋습니다.

8. 시장 리스크가 매우 크다고 판단되는 경우

: 시장을 이기는 종목은 없습니다. 시장이 과열되었거나 조정장의 초입이라고 판단되는 경우, 혹은 예상치 못한 대형 악재가 발생했을 경우 등에는 대응을 해 주는 것이 좋습니다.

9. 기술적으로 봤을 때 이미 큰 시세를 내고 거래량이 실리면서 꺾이는 모습이 보일 때

: 이럴 때는 매도 대응을 잘하지 못하면 큰 손실을 입을 가능성이 높습니다. 이미 한두 차례 큰 시세를 냈고, 거래량이 폭증하면서 기관 투자자들의 자금이 대량 이탈하는 모습이 보이는 경우는 대응이 반드시 필요합니다.

10. 예상치 못한 악재의 등장

: 악재의 크기는 빠르게 판단해야 하는 것이고, 이 악재로 인해 빠지는 주가의 변동성이 기회가 될지 더 큰 손실을 가져올지는, 재료의 크기, 그리고 반드시 '시간 지평'을 고려해서 평가해야 합니다. 그러나 악재가 사실이고 그 악재를 발견한 시점이 '매우 이른' 시점이라면 일단 피하고 보는 것이 좋습니다.

WISE

INVESTMENT

PHILOSOPHY _____

제 5 장

기술적 분석과 케이스 스터디

이번 장에서는 먼저 기술적 분석의 기초 설정과 전략에 대해 이해하고 구체적 케이스 스터디를 통해 살펴보겠습니다. 기술적 분석이 막연하고 어려운 것이 아니라 투자자에게 손쉽고도 유용한 도구가 될 수 있도록 구성해 보았습니다. 실전에 도움이 될 것입니다.

기본 설정과 지지,
저항, 돌파, 추세 개념

» 로그 차트를 활용하라

로그 차트로 차트 화면을 설정하십시오. 주가 차트에는 두 가지 종류가 있는데 통상적으로 설정되어 있는 차트가 우리가 보는 차트이고, 로그 차트는 '등락률'의 개념을 포함하는 차트입니다. 로그 차트는 주가의 등락 정도를 과장하거나 과소하게 표현하지 않기 때문에 주가의 '추세 전환 여부'를 빨리 파악할 수 있다는 장점이 있습니다. 빠른 대응이 가능하며 보다 정확하게 주가의 흐름을 관찰할 수 있습니다.

» 설정은 간단하게 하라

차트 화면을 복잡하게 구성하지 마십시오. 필자의 경우에는 이평선은 장기 이평선인 240일 선, 단기 이평선인 20일 선을 굵게 표시하고 나머지 이평선은 얇게 표시해 눈에 띄게 하지 않거나 잘 보지 않습니다. 보조 지표나 기타 도구 같은 경우에는 외국인 순매수 누적, 기관 순매수 누적, 개인 순매수 누적 이 세 가지 정도 지표만 설정해 놓습니다. 다른 보조 지표들은 일체 보지 않습니다. 유용한 보조 지표들이 많지만 여러 지표를 설정할수록 결정은 더 어려워지고 투자의 본질이 왜곡될 가능성이 큽니다.

» 지지, 저항, 돌파, 추세선의 개념은 정확하게 이해하자

지지, 저항은 어렵지 않습니다. 차트로 살펴보겠습니다.

* 신세계 차트

신세계라는 기업의 주봉 차트입니다. 주봉 차트이므로 기간이 상당히 긴 구간에 속합니다. 기업의 주가가 변동성을 갖고 움직이지만 20만 원 밑의 주가는 깨지 않고 계속 지지하는 모습을 보여 주고 있습니다. 반면에 30만 원 초반의 가격대는 돌파하지 못하고 저항을 받는 모습을 보여 줍니다. 기간이 장기간일수록 여러 번일수록 더 높은 신뢰도가 있다고 볼 수 있습니다.

* 에스엘 차트

　에스엘이라는 기업의 주봉 차트입니다.

　박스권을 돌파하는 구간에서 대량의 거래량이 수반되는 모습을 관찰할
수 있습니다. 이럴 때는 매우 높은 신뢰도가 형성됩니다. 핵심은 '거래량'
입니다. 돌파하기 전의 주가 형태는 다양한 패턴이 존재하지만 크게 삼각
형 수렴 돌파 패턴과 박스권 돌파 형태가 있다는 것을 기억하시고 핵심은
'거래량'이라는 것만 기억하시면 됩니다.

* 디이엔티 차트

 삼각형 패턴을 그리고 있는 차트입니다. 이때는 차트가 수렴되는 지점에서 방향이 위냐 아래냐를 잘 관찰하시고 그대로 따라가시면 됩니다. 핵심은 거래량입니다.

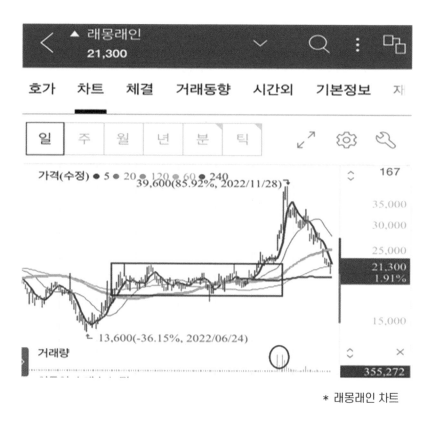

* 래몽래인 차트

　박스권 패턴을 돌파하며 상승하는 차트의 모습입니다. 역시 핵심은 거래량입니다.

　여기서 중요한 핵심 사항 하나를 더 전달해 드리고자 합니다. 차트 패턴이 위의 차트들처럼 확실한 거래량 수반과 함께 패턴대로만 간다면 투자가 정말 쉬운 영역이 될 것입니다. 그러나 실제 투자는 그렇지 않습니다. 차트 패턴은 어디까지나 확률의 영역일 뿐이라는 기본적인 사고가 깔려 있어야 합니다. 그다음으로, 이런 차트에는 '함정' 시그널이 상당히 많습니다. 강세 함정, 약세 함정이라고 표현되는 시그널 등인데 주가가 박스권을 상향 돌파했다가 다시 박스권 안으로 들어오면서 하락하는 경우를 강세 함정, 주가가 박스권을 하향 돌파하면서 하락할 것이라 생각했는데 다시 주가를 끌어올리면서 박스권 안으로 들어오거나 더 상승하는 경우를 약세 함정이라고 합니다. 흔히 차트 책에서 약세 함정은 '개미 털기' 구간이라고 표현되기도 합니다.

* 비올 차트

차트를 보시면 상승 추세로 주가가 상승하는가 싶더니 지지선을 깨고 횡보하다가 박스권 부분에서 급격히 하락하는 모습을 보여 줍니다. 이런 때에는 차트 패턴만 신뢰하면 주주로서 이런 하락을 견뎌 내기가 쉽지 않습니다. 차트 패턴만 본다면 일단 팔아야 하는 구간입니다. 다만 이후에 차츰 거래량이 들어오면서 하락 전의 평균 주가 이상으로 주가를 끌어올리면서 상승이 진행됩니다. 이런 경우가 약세 함정이라고 표현할 수 있는 차트 패턴으로 일반적인 차트 패턴보다 더 강한 신뢰도(매수 시그널)가 있다는 것을 기억하시면 됩니다.

반대의 경우도 같습니다. 주가가 박스권을 상향 돌파해서 따라 매수했는데 주춤하더니 다시 박스권을 하향 돌파하는 경우는 강세 함정으로 매우 신뢰도가 높은 주가 하향 패턴이므로 즉시 매도에 나서는 것이 좋습니다. 차트로 한번 살펴보겠습니다.

* 비올 차트

비올 차트를 앞으로 조금 당긴 것입니다. 박스권을 상향 돌파하면서 거래량도 수반되었지만 시세를 이어가지 못하고 다시 박스권을 하향 돌파하는 모습을 보여 주고 있습니다. 이런 패턴은 신뢰도가 높으므로 매도로 대응하는 것이 확률이 높습니다.

» MDD를 반드시 체크하자

주봉으로 차트를 길게 놓고 기업의 MDD를 반드시 체크하는 것이 좋습니다. 필자는 MDD가 50%를 넘어가는 기업은 거의 투자하지 않고, 30% 이내인 기업을 선호합니다. 쉽게 이야기해서 어떤 기업의 주가가 지금 10,000원이라면 주봉 차트를 길게 놓고 기업의 최저 주가 라인을 확인하고 최소 이 라인이 5,000원 위여야 하고, 7,000원대 위여야 투자 대상으로 고려합니다. 물론, MDD가 유의미해지려면 기업 이익의 변동성 자체가 적어야 합니다.

» 차트의 이전 패턴을 관찰하라

차트마다 패턴이 다르게 나타납니다. 위꼬리를 많이 다는 종목, 시세가 계단식으로 점진적으로 올라가는 종목, 급격하게 단기 시세를 내는 종목 등.

그리고 이평선도 며칠 선이 주요 지지대나 저항대가 되는지 관찰해야 합니다. 종목마다 지지대, 저항대에 걸리는 이평선이 다 다릅니다.

» 바닥을 오래 다지는 종목이 좋다

횡보 기간이 길면 응축된 힘도 강하다고 볼 수 있습니다. 그동안 매물들이 충분히 소화되었기에 주가가 올라갈 때 저항도 덜할 것이기 때문입니다. 주가가 올라갈 때는 윗구간의 매물이 많은 구간, 즉 저항 대를 반드시 확인하는 것이 좋습니다.

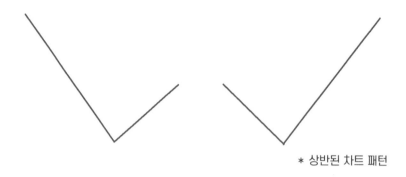

* 상반된 차트 패턴

두 차트 패턴이 있다고 가정했을 때 어떤 차트 패턴이 더 끌리시나요?

오른쪽에 있는 차트 패턴이 더 크게 상승할 확률이 높습니다. 저항이 훨씬 약하기 때문입니다. 저항이 있는 경우에는 이 구간을 강하게 돌파하는 거래량이 실려야만 합니다. 그렇지 않은 경우에는 보수적으로 매매를 청산해도 좋습니다.

» 매수하기 전에 기간을 항상 생각하자

매수하기 전에 시간 지평을 반드시 고려하십시오. 종목마다 주가의 속도도 다릅니다. 사이클도 다릅니다. 기대 수익률도 다릅니다. 삼성전자를 예로 든다면 어떨까요? 속도는 느립니다. 사이클은 반도체이므로 대략 2년 사이클이라고 가정하겠습니다. 기대 수익률은 30%~40% 정도로 산정해 보겠습니다. 반면에 소형 의류 업체에 투자한다고 가정해 보겠습니다. 이 업체는 출점에 기반한 확장으로 올겨울 강한 실적 모멘텀이 기대됩니다. 매출은 작년 대비 100% 이상 성장할 것으로 기대됩니다. 따라서 투자 기간은 6개월 미만으로 산정하고 기대 수익률은 50% 이상으로 잡습니다.

보통 주가의 이전 패턴을 주봉으로 놓고 보면 추세적인 흐름이 관찰됩니다. 이 추세가 어느 정도 '기간'인지를 확인하는 것이 필요합니다.

예시를 보겠습니다.

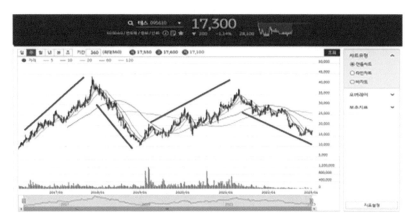

* 테스 차트

테스의 주봉 차트입니다. 보통 어느 정도 기간만큼 상승이 이어졌다면 하락 구간에도 똑같은 그 기간 정도 하락한다고 보시면 됩니다.

» 주가는 같은 구간만큼 움직인다

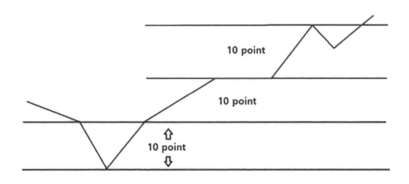

만약에 주가가 10point 정도만큼 하락하고 그만큼 다시 회복했다면, 다음 구간에서도 주가는 그 포인트만큼 움직일 확률이 높습니다. 주가가 얼마만큼의 진폭으로 움직이는가를 확인하고 층으로 구획을 나누어 보시면 도움이 됩니다.

» 호가 창 유의할 점

호가	차트	체결	거래동향	시간외	기본정보	지

	상한가 ↑	32,550	현재가	시간외

			당일 전일
1,454	26,050	3.99%	
4,326	26,000	3.79%	
3,079	25,950	3.59%	VI기준 25,350
3,232	25,900	3.39%	상승VI 27,900
2,514	25,850 ∎	3.19%	하락VI 22,800
• • • •	25,800	2.99%	3

체결강도	220.44%	25,750	2.79%	938
25,850	65			
25,850	1	25,700	2.59%	1,260
25,850	1			
25,850	46	25,650	2.40%	1,330
25,800	35			
25,800	1	25,600	2.20%	1,295
25,800	120			
25,850	7	25,550	2.00%	1,261
25,850	1			
25,850	3	25,500	1.80%	1,310
25,850	1			
25,850	1	25,450	1.60%	925
25,850	2			
25,850	1	25,400	1.40%	1,475
25,850	3			
25,850	2	25,350	1.20%	637

	하한가 ↓	17,550	
26,417	총잔량	-15,983	10,434

* 호가 창 MTS 화면

호가 창 분석은 단기 트레이딩 할 때에 필요한 영역이지만 두 가지만 유의하시면 됩니다. 왼쪽 아래가 매도 잔량, 오른쪽 아래가 매수 잔량입니다. 보통 생각하기에 매수 잔량이 많아야 주가가 상승할 것이라고 생각하는 경우가 많지만 반대입니다. 매도 잔량이 많아야 주가가 상승할 확률이 높습니다. 투자자 입장에서 잔량은 잠재적 투자자가 소화해야 할 물량이라고 생각하면 조금 쉽습니다. 매도 잔량이 많아야 잠재적 매수자들이 충분히 물량을 소화시키면서 주가가 상승할 수 있는 것이고, 매수 잔량이 많고 매도 잔량이 적으면 잠재적 매수자가 소화할 물량은 부족하고 지금 주가 밑에서 사고자 하는 사람이 많은 것이므로 주가는 하락할 확률이 높습니다.

체결 강도는 높으면 높을수록 거래가 잘 이루어진다는 뜻으로 단기 트레이딩에서는 200% 이상일 때면 단기 트레이딩 하기에 적합한 조건으로 간주합니다.

» 신용 잔고율을 참고합니다

신용 잔고가 높은 종목은 매수하지 않습니다. 특히 증시 조정 구간에 신용 잔고가 높은 종목은 투매로 급락할 가능성이 높기 때문입니다.

» 수익이 크게 났을 때는 매도하고 바로 사지 마라

수익이 크게 났을 때는 조금 쉬어 주는 것이 좋습니다. 사람의 심리상 바로 재투자를 나설 가능성이 높은데 수익 난 투자로 인해 자신감과 확신이 높아져 있는 상태일 가능성이 있습니다. 또한 좋은 기회는 자주 오지 않으므로 잠시 쉬어 가는 구간을 가지는 것이 좋습니다.

» 종가 관리가 되는 종목이 좋다

종가 관리가 되는 종목들이 좋습니다. 분봉으로 확인하면 됩니다. 시초에 밀리더라도 시장보다 강한 흐름을 가지고 오후 장에 반등하면서 특정 가격을 지키려는 움직임이 보인다면 긍정적 시그널로 간주합니다.

» 양봉에 사라. 즉, 오르는 종목을 사는 게 좋다

기간이 단기간일수록 오르는 종목을 양봉에 사는 것이 좋습니다. 투자의 스타일이 잘못 결합된 사례가 이런 것입니다. 예를 들어 어떤 투자자가 있는데 이 투자자는 트레이딩이 적합한 기질의 투자자라고 가정해 보겠습니다. 이러한 투자자가 가치 투자에 관한 책을 읽고 종목이 하락 추세일 때 가치가 할인되는 것이므로 하락하는 추세의 종목이 음봉일 때 사들인다고 가정해 보겠습니다. 하지만 이 투자자의 인내심은 생각보다 대단하지 않고 종목의 하락 추세는 계속해서 이어지는 경우가 결합되는 것입니다.

사실, 직설적으로 표현한다면 대부분의 투자자가 시세 차익을 노리는 투기의 형태로 투자합니다. 진정 주식을 기업 자체에 대한 소유권으로 보고 장기간 같이 동행하는 형태로 투자하는 사람은 아주 극소수입니다. 이게 현실입니다. 따라서 내가 투기를 한다면 현명한 투기꾼이 되어야 하고 현명한 투기꾼은 시세 차익으로 수익을 거둘 수 있으므로 주가가 '오르는 구간'에 투자하는 것이 옳은 전략적 선택이라는 것입니다. 가장 최선의 선택은 추세가 전환되는, 즉 바닥에서 턴 하는 지점에서 투자하는 것이겠지만 우리는 대부분의 경우에 정확한 마켓 타이밍을 맞출 수 없으니까요. 그러니 현명한 투기자라면 오르는 종목을 오를 때 사는 것이 맞습니다.

다만 이때 성공 확률을 조금이라도 더 높이기 위해 필자는 다음과 같은 점을 주목합니다.

- 너무 시세가 난 종목은 손대지 않는다.
- 주봉으로 추세가 바닥에서 전환하는 형태의 종목을 선정한다.(시세 초입)
- 밸류가 저평가되어 있는 종목을 선정한다.

이런 점에 주의하면서 투자를 하면 하방 위험은 줄이고 기대 수익률은 크게 가져갈 수 있는 투자를 할 수 있습니다.

기술적 분석의 핵심,
거래량

» 거래량은 가장 주의 깊게 봐야 할 핵심 지표다

거래량은 속일 수 없습니다. 거래량은 모든 기술적 분석 지표 중에 가장 주의 깊게 봐야 할 지표입니다. 물고기가 많은 곳에서 그물을 쳐 놔야 큰 수확을 기대할 수 있는 것입니다. 거래량이 없는 종목은 피하는 것이 좋습니다. 거래량이 급격하게 변화하는 때는 투자자가 같이 행동에 나서야 할 때입니다.

- 저점에서 거래량이 터지면 바닥일 확률이 높고, 고점에서 거래량이 터지면 피크일 확률이 높다.
- 거래량은 순증하는 것이 가장 좋다.
- 고점에서 거래량이 터지는 것은 물량이 빠져나가는 것이다. 위험신호다.
- 저점에서 거래량이 터지는 것은 매수 세력의 진입이라고 볼 수 있다. 긍정 신호다.
- 거래량은 주가보다 선행한다.
- 큰 거래량 없는 가격 변화에는 대응하지 않는 것이 좋다.
- 거래량이 없을 때는 매매하지 않는다.

거래가 죽어 있는 종목은 매매하는 것이 아닙니다. 개인 투자자는 주가를 끌어올리는 주체가 되지 못합니다. 결국 주가를 끌어올리는 것은 기관 자금이나 외국인 자금입니다. 문제는 거래량이 없는 종목에서는 이러한 자금들이 언제 들어올지 알 수 없다는 것입니다. 이런 종목을 성공적으로 매매하면 큰 수익을 기대할 수 있지만 그때까지 기다려야 된다는 단점이 있습니다. 차트가 기술적으로 바닥 시그널을 그리며, 기관 자금들이 들어오면서 거래량이 순증할 때까지 기다려야 합니다. 거래량이 없는 종목은 오래 기다릴 수 있는 확신이 있을 때 접근하는 것입니다.

거래량이 한번 터지는 구간이 온다고 해서 접근하는 것은 위험합니다. 매집의 형태로 다시 오랜 기간 횡보를 이어갈 수 있기 때문입니다. 점진적으로 거래량이 꾸준한 증가세를 보이며 기관 수급이 들어오는 것이 확인될 때, 그리고 충분히 오랜 기간 횡보나 하락한 흔적이 있을 때 등이 좋은 시그널이 됩니다.

실전 사례로 보는
기술적 분석 1

　개별 종목의 특성을 이해하십시오. 종목마다 주가가 움직이는 양상이 다르게 나타납니다. 이 점을 차트를 통해 인지하고 있어야 합니다.

　이제 구체적인 몇 가지 사례들을 통해서 어떻게 매매에 접근하면 좋을지를 살펴보도록 하겠습니다.

* 링네트 차트

링네트라는 종목의 일봉입니다.

상승 시에 시세를 내기 무섭게 위꼬리를 달고 내려오는 모습이 확인됩니다. 보통 이런 종목은 테마 종목일 가능성이 있으니 이 점도 확인해야 합니다.

* 링네트 차트

그다음 주봉으로 확인해 보겠습니다.

주봉으로 봐도 마찬가지입니다. 시세의 연속성이 없습니다. 즉, 장기간 끌고 가기에는 적합하지 않은 종목입니다. 트레이딩이 적합합니다. 보통 이러한 종목을 필자는 싫어합니다. 그러나 이 주봉 차트를 자세히 보면 좋은 점이 하나 있습니다. 그 점이 관찰되시나요?

MDD가 크지 않다는 것입니다. 즉, 하방 위험이 크지 않습니다. 시세를 내고 있는 구간 외에는 주가가 6,000원 내에서 안정적인 가격대를 유지하고 있고, 급락하는 구간에도 하락 폭이 매우 가파르지는 않습니다. 이 차트만 보고도 이 종목은 안정적인 실적을 내는 기업이겠구나 하는 예상이 가능해야 합니다. 그리고 간간히 시세를 내고 있는 것으로 보아 특정한 테마가 붙어 있을 확률이 높은 종목입니다.

그러면 이러한 종목은 특별한 기업의 펀더 멘탈에 변화가 있는 게 아니라면 주가가 조금 하락할 때 모아 두었다가 시세를 낼 때 트레이딩으로 수익을 내면 적합하겠다고 매매 전략을 미리 세우고 들어가는 것이 적합한 전략이 될 수 있겠습니다.

* 두산테스나 차트

＊ 두산테스나 차트

다음 종목은 두산테스나, 반도체 종목입니다.

일봉과 주봉을 동시에 보겠습니다.

어떤 느낌인지 보이십니까? 주봉으로 시계열을 매우 길게 놓고 봐도 일봉으로 봐도 움직임이 눈에 띕니다. 이 종목은 추세적으로 움직입니다. 단기 변동성은 있지만 전체적으로 방향성이 중요한 종목입니다. 이렇게 종목이 추세적으로 움직인다는 것은 업황에 영향을 많이 받는다는 방증입니다. 즉, 이 종목은 업황이 중요합니다. 또한 반도체 섹터라는 특성상 사이클로 주가가 움직이리라는 것을 예상해 볼 수 있습니다. 하루하루의 변동성은 크게 중요하지 않은 종목입니다. 따라서 이런 종목은 단기 실적보다는 전체적인 업황의 이야기가 중요합니다.

또한 일봉으로 단기간 차트를 관찰해 보면 음봉과 양봉이 자주 반복되는 모습을 볼 수 있습니다. 즉, 이 종목은 전체적인 추세를 염두에 두면서 오르면 팔고 내리면 사는 매매가 적합하다는 전략을 세워 볼 수 있겠습니다.

항상 주봉으로 전체 스토리를 파악하는 데 주의를 기울이십시오.

먼저 주봉만 보고도 이 기업이 어떤 흐름으로 움직이는지를 살펴봐야 합니다. 큰 그림을 보는 것입니다.

무작위로 등락률 순위에 있는 기업(2022년 12월 말)을 가져와서 주봉으로 흐름을 읽는 연습을 해 보겠습니다. 모르는 기업이라고 가정합니다. 요는 차트만 보고도 기업의 스토리를 읽어 내는 것입니다.

* 캐리소프트 차트

2019년에 상장한 종목입니다.

급등할 때를 보면 단기간에 거의 6~7배 상승했습니다. 그리고 그 시세를 거의 그대로 되돌렸습니다. 이렇게 단기간에 급등하고 되돌리는 차트의 유형은 전형적인 테마주 패턴이라 볼 수 있습니다. 테마주 매매를 선호하는 투자자가 아니라면 투자로 고려하기에 적합하지 않습니다.

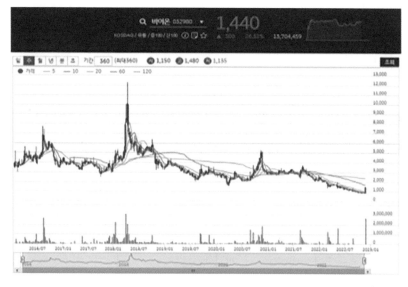

* 바이온 차트

이 종목 역시 단기 급등했다가 시세를 되돌렸고 추세가 플랫하고 간간히 조금씩 상승할 뿐 특별한 모멘텀이 없어 보입니다. 투자할 대상이 아닙니다.

* 코퍼스코리아 차트

변동성은 있지만 어느 정도 추세를 그리며 움직이고 있습니다. 그러다 최근에 급하게 상승하면서 추세를 바꾸고 있습니다. 이런 유형은 관심을 가질 필요가 있습니다.

* 엔젠바이오 차트

상장한 지 오래되지 않은 종목입니다. 거래량이 죽어 있는 모습이 관찰됩니다. 거래량이 없으면 주가는 상승하기 힘듭니다. 최근에 횡보하는 흐름에서 조금씩 원형 바닥을 그리며 추세를 바꾸려는 그림으로 보입니다. 신규 상장주는 주의해야 할 게 많지만 그런 점을 제외하면 한번 관심을 가져 볼 만한 패턴입니다.

* 영풍정밀 차트

큰 흐름을 보면 주가가 큰 변동 없이 박스권 움직임을 보이다가 최근 급상승을 하고 있습니다. 주가가 박스권으로 움직인다는 것은 상방으로 가기에는 모멘텀이 약하고 하방으로 흐르기에는 안정적인 이익 체력이 있다는 것을 의미하는 경우가 많습니다.

즉, 이 기업은 안정적인 이익을 내지만 성장 모멘텀이 없을 확률이 높습니다. 그런 기업이 박스권을 강하게 뚫고 상승한다는 것은 어떤 강한 촉매가 새로 나타났을 확률이 높습니다. 당연히 투자 대상으로 살펴봐야 하는 기업입니다. 다만 이미 크게 상승한 부분에 대해서는 주의가 필요합니다 (실제로 영풍정밀은 최근 고려아연과 지분 경쟁설로 급등한 이력이 있습니다).

* 솔고바이오 차트

    이렇게 장기간 하락 추세인 종목은 볼 필요도 없는 종목입니다. 투자 대
상에서 제외합니다.

* 나무가 차트

드디어 투자 대상으로 고려해 볼 만한 기업이 하나 나왔습니다.

오랜 기간 큰 추세 박스권을 그리며 우상향하고 있는 모습입니다. 이 사실이 중요합니다. 이 기업은 속도가 빠른 편은 아니지만 우상향하고 있습니다. 이익이 성장하고 있는 기업일 가능성이 높습니다.

게다가 최근에 거래량이 실리고 있는 모습이며 저항선을 돌파하려는 움직임을 보여 주고 있습니다. 당연히 살펴봐야 하는 기업입니다.

실제로 이익이 증가하는 기업인지 재무를 보겠습니다.

Financial Highlight [연결|연간]						단위 : 억원, %, 배, 천주 연결 별도 전체 연간 분기		
IFRS(연결)					Annual			
	2017/12	2018/12	2019/12	2020/12	2021/12	2022/12(E)	2023/12(E)	2024/12(E)
매출액	2,576	3,111	3,621	5,118	5,029	5,358		
영업이익	-315	39	27	-23	230	341		
영업이익(발표기준)	-315	39	27	-23	230			
당기순이익	-409	36	-6	-79	160	336		
지배주주순이익	-406	41	-4	-79	160	336		
비지배주주순이익	-3	-5	-2					

* 나무가 재무상태표

전체적으로 매출액이 커지면서 외형이 커지고 있는 모습이고 영업이익은 플랫하다가 21년도부터 크게 성장하는 모습입니다. 이런 기업이 투자 대상 후보가 됩니다. 한국의 대표 우량주들을 주봉으로 보게 되면 단기간으로는 아래위 변동성이 있더라도 길게 보면 성장하는 모습을 보여 줍니다. 이런 종목들만 투자할 수 있도록 투자군을 좁혀야 합니다.

다만 주봉으로 보게 되면 하락 추세가 상승 추세로 전환되는 정확한 변곡점을 놓칠 우려가 있으므로 일봉 흐름과 같이 판단하는 연습이 필요합니다.

위의 몇 가지 사례에서 예로 들었듯이 기업을 먼저 자세히 살펴보기 전에 주봉을 통한 기술적 분석으로 대략적으로 기업의 펀더멘털과 이익 체력이 어떠할지를 그려볼 수 있고 투자군에서 제외할 만한 기업들을 추려낼 수 있습니다.

모든 기업을 꼼꼼히 살펴보기보다는 장기간 이익 체력이 검증되었고 상승 추세인 종목을 투자 대상으로 선정하라는 것이 핵심입니다.

손절 라인
정하기

앞서서 7% 라인에서 리스크 제한을 걸어주는 게 좋다고 설명했지만, 이 7% 룰은 기본적으로는 트레이드 관점입니다. 투자의 관점에서 모아 가는 종목은 접근 방법이 달라집니다.

또한, 종목별로 주가의 흐름이 다르기 때문에 종목마다의 개별적 특성을 고려하여 접근하는 것이 더 좋은 전략이라고 판단합니다.

손절 라인을 정할 때에는 MDD, 이동평균선, 그리고 그 종목의 지지, 저항 구간을 고려하여 정하는 것이 좋습니다. 구체적 예로 살펴보도록 합시다.

스튜디오드래곤이라는 종목입니다.

필자는 개인적으로 240일 선을 선호하는 편입니다. 다음 차트에서 네모 친 박스권 안의 이평선인 240일 선을 돌파하는 지점에서 돌파 매수를 한다고 가정하면, 보수적인 손절 선은 바로 그 240일 선이 됩니다. 그리고 공격적인 손절 선은 20일 선이나 60일 선 혹은 거래량이 들어왔던(11/21일 직후) 긴 양봉 구간의 시초가를 이탈하는 지점을 손절 구간으로 삼을 수 있습니다. 이중 어느 것을 선택할지는 투자자의 관점에 따라 달라질 수 있는데, 아무래도 장기 이평선이 신뢰도가 좀 더 높다고 할 수 있겠습니다.

* 스튜디오드래곤 차트

　중간 지점은 이전 거래량이 들어왔던(11/21일 직후) 장대 양봉의 50% 구간 정도입니다(직선으로 표시된 부분). 일반적으로 돌파 지점에서 그대로 돌파를 하지 못하고 다시 시세를 되돌리는 경우를 기술적 분석 용어로 '강세 함정'이라고 하는데, 이런 강세 함정은 신뢰도가 매우 높은 편에 속하므로 공격적 손절 선까지 기다리는 매매를 하기보다는 보수적 손절 선을 잡는 것이 조금 더 유리한 전략입니다. 손절을 해도 약손절에 그칠 수 있고 다시 주가가 라인을 돌파하는 움직임을 보일 때 얼마든지 재매수에 나설 수 있기 때문입니다.

　항상 작은 손실은 기회비용으로 생각하는 것이 좋습니다.

* 래몽래인 차트

반면에 이런 종목은 어떨까요?

  시세가 많이 난 상태고, 눌림목 자리라고 판단해 이평선 부근에서 지지되
는 지점에서 매수한다고 가정해 봅시다. 빨간색 박스로 표시된 부분입니다.
  이런 부근에서는 이평선 간의 이격도가 큰 부분이므로 손절 라인을 주요
이평선으로 잡으면 안 됩니다. 이평선을 이탈하는 순간 바로 매도에 나서
야 합니다. 그렇지 못하면 순식간에 손실이 매우 커질 수 있습니다.

실전 사례로 보는
기술적 분석 2

신세계라는 기업도 살펴보겠습니다.

* 신세계 차트

이 종목은 주봉으로 보니 전체 추세가 명확하게 보입니다.

재무 상태를 보겠습니다.

Financial Highlight [연결|연간]						단위 : 억원, %, 배, 천주 [연결] [별도] [전체] [연간] [분기]		
IFRS(연결)	Annual							
	2017/12	2018/12	2019/12	2020/12	2021/12	2022/12(E)	2023/12(E)	2024/12(E)
매출액	38,714	51,857	63,942	47,693	63,164	78,006	86,035	92,436
영업이익	3,457	3,974	4,678	685	5,174	7,311	7,880	8,755
영업이익(발표기준)	3,457	3,974	4,678	685	5,174			
당기순이익	2,136	2,849	5,931	-691	3,889	4,719	5,042	5,793

* 신세계 재무상태표

매출액과 순이익이 장기적으로 보면 증가했지만, 결론적으로 경기 변동의 영향을 받는 유통 섹터의 종목으로 백화점과 면세점이 가장 큰 매출 비중을 차지하고 온라인 시장에 파이를 뺏기고 있기 때문에 시장에서는 성장성이 없다고 보는 것입니다. 따라서 주가는 장기적으로는 하락 추세입니다.

그러나 실적은 성장하거나 최소한 유지는 하는데 주가만 하락하는 경우에는 투자 지표들은 좋아질 수밖에 없습니다. 그러니 이런 기업은 주봉에서 보듯이 하락은 하지만, 하락할 때 특정 가격에서 지지가 되는 모습을 보여 주고 있습니다. 주봉을 보면 20만 원대가 강력한 가격 지지대로써 작용하고 있는 것을 볼 수 있습니다. 그리고 30만 원 부근의 가격에서는 저항을 받고 있죠.

따라서 이런 기업은 이 가격대 자체를 지지 라인으로 잡고 이 가격대에 근접하면 매집하고 오르면 적당히 파는 형태의 매매를 할 수 있겠습니다.

* CJ제일제당 차트

다음은 CJ제일제당이라는 기업입니다.

이 기업은 추세 박스권 형태로 움직이고 있습니다. 가격대로 보면 늘 박스권 하단과 상단이 약 10만 원 내의 가격 구간으로 움직입니다. 주가 수익률로 보면 20%~30%에 해당하는 수준입니다.

따라서 이 종목은 박스의 하단권에서 매집한 다음에 적당히 수익이 나면 매도하는 전략으로 가져가는 것이 좋겠습니다.

전체 흐름에서 보듯이 박스권을 상단 돌파하는 경우는 매우 드문 것을 볼 수 있습니다.

반면에 박스권을 하단 돌파하는 지점에서는 지체 없이 매도하고 다음 지지되는 구간을 기다리는 것이 좋을 것입니다.

* 에스제이그룹 차트

반면에 이런 횡보하는 종목은 어떻게 대응하면 될까요?
에스제이그룹의 일봉 차트입니다.

횡보하는 주가 흐름이며 대략 15,000원대의 가격대를 지지하고 있고 이
평선은 밀집되어 있습니다. 이 경우에는 대응하기 쉽습니다. 다만 투자자
의 관점과 트레이드의 관점에서 매매 방법이 다릅니다.

만약 지지하는 가격대를 깼다면 트레이드의 관점에서는 그 즉시 매도입
니다. 반면 투자자의 관점에서는 기업이 더 할인되는 구간이므로 좋아해
야 합니다. 그러나 하락이 언제까지 지속될지는 모르므로 일단 하락이 멈
출 때까지 기다리는 것이 좋겠습니다. 하루 이틀의 반등으로는 부족하고
최소한 몇 거래일을 지켜보는 것이 권장됩니다.

* 아이패밀리에스씨 차트

아이패밀리에스씨의 일봉 차트입니다.

바닥에서 거래량이 들어오면서 장대 양봉을 만들고 있습니다. 장대 양봉 이후 도지형 캔들, 다시 양봉을 만들면서 바람개비형 캔들을 만들고 있습니다. 필자가 좋아하는 형태의 캔들입니다. 바닥에서 장대 양봉, 도지형 캔들, 다시 양봉의 형태는 추가 상승을 예고하는 좋은 패턴입니다. 이러한 양음양 캔들의 형태는 단봉이 쉬어 가는 역할을 하는 것이며, 전일 매수한 투자자들의 물량을 빠르게 소화시킨다는 것을 의미합니다. 따라서 다음 날 다시 재상승하는 양봉이 나타나는 것은 특히 바닥권에서는 좋은 시그널이 됩니다.

* 비츠로셀 차트

비츠로셀의 주봉 차트입니다. 박스 친 부분에서 보이는 것처럼 여러 번에 걸쳐 돌파를 시도합니다. 차트에서는 3이라는 숫자를 기억하는 것이 도움이 됩니다. 장기 이평선을 돌파할 때, 한 번에 바로 돌파하는 것은 보통은 어렵다고 보면 됩니다. 그러나 2~3번 안에 거래량이 동반되면서 돌파하며 상승 시세를 이어가야 좋습니다. 3번 안에 돌파를 못 하는 패턴은 피하시는 것이 좋습니다.

* HK이노엔 차트

　상승할 가능성이 높은 형태의 차트입니다. 상단 저항선을 돌파하면서 거래량이 수반되고 있고, 이평선은 수렴하며 골든 크로스 형태를 그리고 있습니다. 이럴 때는 오히려 종목이 시세를 빠르게 내주면서 가 주는 게 더 좋은 흐름을 가져올 가능성이 높습니다. 만약, 주가가 횡보하거나 하락하면서 오랜 기간을 끌거나, 돌파한 상단 저항선 밑으로 다시 내려오면 매도하는 것이 좋은 대응입니다.

WISE

INVESTMENT

PHILOSOPHY

제6장

시장 대응
전략

주가의 바닥을
잡는 팁

　이런 글을 쓰면서도 아이러니한 이야기지만 주가의 바닥을 정확히 짚어낼 수는 없습니다. 일단 먼저 생각해야 할 것은 주가의 바닥은 대부분의 경우 지수가 결정한다는 것입니다. 시장을 이기는 종목은 흔치 않습니다. 대부분의 경우 지수 자체의 흐름이 개별 종목들의 주가 바닥 수준을 결정합니다. 코로나 때나 증시의 큰 조정 구간을 생각해 보면 이해가 쉽게 될 것입니다. 따라서 대부분의 종목이 증시의 폭락 구간과 그 이후의 반등 구간에는 비슷한 차트의 양상을 그리게 됩니다.

　즉, 이러한 바닥을 맞추려면 거시 경제의 영향과 이에 따른 증시의 흐름을 정확하게 예측해야 한다는 것인데, 이 자체가 증명된 역사가 없습니다. 피터 린치가 거시 경제 흐름을 2번만 연속 맞출 수 있다면 주식 투자할 필요가 없다고 하지 않았습니까?

　워런 버핏이 다음과 같이 말한 것을 떠올려 봅시다.

> **주식 시장이 내일, 다음 주, 다음 달, 내년에 어떻게 될지는
> 나도 그리고 아무도 모릅니다.**
>
> – 워런 버핏, 『워런 버핏 바이블 2021』 中

당장 내일의 주가도 우리는 알 수 없습니다.

따라서 정확하게 주가의 바닥을 짚어 낸다는 생각은 하지 않는 것이 좋습니다. 이보다는 기업의 내재 가치가 충분히 저평가 영역에 들어섰고 충분한 안전 마진이 확보되기 시작했다고 판단되면 즉시 매입을 준비하는 것이 현명한 처사입니다.

다만 추가적으로 투자자 입장에서 활용할 만한 증시의 조정 구간에서 바닥이 만들어지기 위한 긍정적 시그널이 있다면 다음과 같은 것들이 있습니다.

- 증시의 연이은 조정으로 인한 신용 물량 마진콜로 유발된 대량 투매 현상
- 개인이 판단한 종목의 내재 가치를 30% 이상 크게 밑도는 현상
- 지수의 하단 추세선을 하향 돌파하는 대규모 투매
- 장중 지수가 -4%에 근접한 수준이거나 그 이상으로 밀리는 구간
- 공포에 들어선 군중 심리와 막상 매수를 하려 해도 심리적으로 크게 베팅하기가 힘든 구간

이러한 것들을 긍정적 시그널로 삼아 최대한 감정을 배제하고 이때는 오로지 기업의 가치만을 보고 묵묵히 사들여야 합니다. 당장 내일 그리고 그 다음 날 증시가 연이어 더 폭락하더라도 잘못된 결정이 아닙니다. 하방 변동성이 있으면 상방 변동성이 있음을 기억하십시오. 폭락은 폭등을 불러오며 이러한 상방 변동성은 폭락의 아픔을 빠르게 지워 줍니다. 결과론적으로 바닥이 되는 구간에서 10%~20% 내외의 주가 구간에서 매수만 하더라도 증시가 상승하는 구간에서 충분한 수익이 날 수 있습니다.

$\bigcirc$ 투자 꿀팁

시장 전체의 추세와 관련한 보조 지표는 MACD 지표가 신뢰할 만하다.

* MACD 보조 지표를 설정한 화면

지난 1년간의 코스피 차트와 MACD 지표이다. 빨간색 작은 화살표가 매수 시그널, 파란색 작은 화살표가 매도 시그널이다. 선으로 보면 파란색 선이 빨간색 선을 상향 돌파할 때가 매수 시그널, 반대로 하향 돌파할 때가 매도 시그널이다.

정확하게 딱 맞아떨어지는 것은 아니지만 대체적으로 시장 전체의 추세는 참고하는 데 도움이 된다. 지수는 오히려 복잡하게 여러 가지 지표를 참조하면 신뢰성이 더 떨어지는 경우가 많다.

반대로 종목은 이러한 지표에 의존하지 않는 것이 좋다. 어차피 지수가 가장 영향력이 크기 때문이다. 개별 종목의 보조 지표는 크게 의미가 없을 때가 많다.

개별 종목 같은 경우에는 일단 개개 종목별로 주가 흐름과 주가에 영향을 미치는 주요 트리거가 다 다르다는 점을 알아야 한다. 그러니 당연히 일률적으로 뭐가 정답이라고 말할 수 없다. 따라서 개별종목은 개별 종목 개개의 펀더 멘털을 점검해야 한다.

조정장에
대응하는 법

일단 대전제는 이것입니다. 내 포트폴리오가 현재 시장 대비 나쁘지 않은 성과를 보이고 있고, 크게 문제가 없다고 판단될 때는 그냥 그대로 내버려 두는 것이 좋습니다. 혹은 어떻게 해야 할지 잘 모르겠을 때도 마찬가지입니다. 그냥 그대로 내버려 두는 게 보통은 더 나은 결과를 가져오는 경우가 많습니다. 보통 계좌가 쉽게 망가지는 사람들의 특징은 아무것도 안 해서일 때도 있지만 이것저것 다 하기 때문에 그런 경우도 많습니다. 투자 포트폴리오는 일관성을 유지 하는 게 보통은 가장 현명한 선택입니다.

이러한 마인드셋을 가지고 유심히 포트폴리오를 관찰한 다음, 대응을 해야겠다고 마음이 서면 다음에 해야 할 일은 이것입니다.

> **꽃은 가꾸고 잡초를 제거해야 한다.**

즉, 성과가 좋은 종목을 남겨 두고 성과가 나쁜 종목을 잘라야 합니다.

조정이 시작되면 보통 투자자들이 저지르는 가장 큰 실수 중 하나는 자신의 포트폴리오 내 수익률을 기준으로 정리하는 것입니다. 수익 난 종목은 다 매도하고 이 돈으로 손실 보고 있는 종목에 물타기를 하는 게 보통 가장 최악의 결과를 가져옵니다. 성과가 좋은 종목은 절대 쉽게 자르지 말아야 합니다. 항상 수익은 관대하게 손실은 기민하게 대응해야 합니다.

쉽게 말해 투자자가 성과가 뛰어나다는 이유만으로 종목을 매도하는 것은, 여러분이 농구 감독인데 단지 연봉이 비싸다는 이유로 팀 내 마이클 조던을 해고하고 후보 선수를 엔트리에 등록하는 것과 비슷하다고 보면 됩니다.

다시 포트폴리오로 돌아와서 보면 보통 조정이 시작되면 잡초 같은 종목들이 버티지 못하고 큰 폭으로 밀리기 시작합니다. 계좌에서는 이미 어느 정도 손실 중일 가능성이 매우 높은 상태이고, 밀리기 시작하면 이미 계좌에서 -10%~-20%를 넘어가는 수익률을 찍고 있을 가능성이 높습니다.

이 종목들을 잘라야 합니다. 즉, 손실이 가장 심한 종목을 제일 먼저 잘라야 합니다. 반대로 수익을 크게 보고 있는 종목들은 그동안의 추세가 좋았다는 방증이 됩니다. 이런 경우에는 보통 조정장을 거치면서 크게 두 가지 형태로 추세가 진행되는 경우가 많습니다.

시세가 살아 있기 때문에 오히려 많이 올랐음에도 불구하고 밀리지 않고 버티는 경우.
올랐던 시세만큼 그대로 반납하면서 되돌리는 경우.

물론 어떻게 진행될지는 알 수 없습니다. 뭐든 지나고 보면 쉬운 법입니다. 다만 성과가 좋은 종목이 테마성 종목이 아니라면 이 종목은 주도주가 될 가능성이 높은 종목이라는 방증입니다. 이런 종목은 절대 쉽게 잘라서는 안 됩니다.

단기간 급등이 나온 경우 일부 물량을 수익 실현하는 것은 아무런 문제가 없습니다. 수익이 났을 때 이 수익을 잘 지키는 것도 훌륭한 투자자의 자질이기 때문입니다. 즉, 수익은 수익일 때 지켜야 합니다. 그러나 기본적으로 성과가 우수한 종목은 제일 나중에 정리한다고 생각하는 게 좋습니다. 그래야만 조정장이 깊어지는 경우에도 마지막까지 아껴 왔던 꽃 같은 종목을 매도하며 예수금으로 활용하면서 대응이 한결 쉬워집니다.

» 조정이 끝난 후 시장이 추세 전환할 때

이때 보통 처음에는 그동안 낙폭이 가장 심했던 종목들이 가장 크게 반등하는 경우가 많습니다. 이런 종목들은 말 그대로 투자자들이 항복하며 던지는 투매 물량이 나왔기 때문에, 이런 물량들이 나오고 난 후에는 종목이 매우 가벼워지게 되고 이런 상황에서는 조금만 수급이 붙으면 종목은 가볍게 상승할 수 있습니다. 그래서 이런 종목들은 펀더 멘털이 개선되거나 주도주가 될 가능성이 높다고 보면 안 되고 낙폭 과대에 따른 기술적 반등 국면에서의 상승으로 이해해야 합니다.

그다음 보통 조정장 때 어느 정도 버텨 냈던 종목들은 상대적으로 잠시 쉬어 갈 확률이 높습니다. 이러한 구간에서 이 종목들을 반등 국면에 가지 못한다고 해서 던져 버리는 것은 실수일 확률이 매우 높습니다.

» 반등 국면에서 물타기 할 시점은 언제가 좋을까?

증시가 반등하는 국면에서도 내렸던 낙폭에 비해 회복을 하지 못하며 횡보하는 종목들이 있습니다. 이러한 종목은 쉽게 말해 매수세가 전혀 없는 것입니다. 따라서 반등 국면에서 지수가 올라가는 것보다 못한 움직임을 보여 주거나, 지수가 올라가는 정도만큼만 올라가는 종목은 섣불리 추가 매수를 해서는 안 됩니다. 이런 종목은 다시 지수가 밀리면 그대로 다시 밀리기 때문입니다.

추가 매수를 하기 좋은 종목들은 아래에 해당하는 경우입니다.

- **완전히 투매하는 물량이 나오면서 거래량이 실린 경우**
- **반등 후 올라가는 국면에서 거래량이 확연히 증가하는 종목**
- **낙폭이 매우 과대한 종목이 하락 추세를 멈추고 아치형이나 횡보형의 바닥을 만드는 경우**

증시 반등 국면이든 상승 국면이든 간에 가야 될 자리에서 못 가는 종목은 조심하는 게 좋습니다. 가야 될 자리란 다양한 해석이 있을 수 있겠지만, 매크로적인 측면에서 전체 종목이 상승 탄력을 받고 있는 구간, 같은 업종의 종목들이 전반적으로 상승 탄력을 받는 구간, 기술적으로 상승 시그널이 많은 구간 등이 되겠습니다. 이런 구간에서는 시장보다 강한 흐름을 보여 줘야 주도주가 될 가능성이 높은 것이고 시장보다 약한 흐름을 보여 준다면 조심하는 것이 좋습니다.

따라서 아래와 같은 시그널이 나타난다면 조심하는 것이 좋습니다.

- **상승 후 주가의 횡보가 길어지는 경우. 횡보는 최대한 짧아야 한다.**
- **위꼬리가 많거나 길게 남기는 종목은 주의한다.**
- **50% 룰**(장대 양봉의 절반 지점)**을 깨는 종목은 주의한다.**
- **전체적으로 증시보다 힘이 약한 종목은 주의한다.**

💲 투자 꿀팁

위꼬리(장중 시세 분출 시) 대처법

- 본인이 단기로 보는지 중장기로 보는지에 따라 다르다. 중장기 모멘텀을 보고 있고 1~2년 내 실적 성장이 예상되는 종목이라면 단기 꼬리는 무시하는 것이 좋다.
- 특히 바닥 구간에서 상승할 때는 장중 시세 분출에 대응하지 말고 기다렸다가 위꼬리 형태로 차트가 만들어지더라도 다시 좋은 가격대가 오면 매수 기회로 활용한다. 이때는 오직 장기적 전망을 가지고 두둑한 마음가짐을 가지는 것이 좋다.
- 반대로 짧은 투자 구간으로 볼 때는 장중 시세 분출은 좋은 매도 타이밍이다.
- 주가가 충분히 시세를 낸 이후의 장중 시세 분출은 매도로 대응한다.
- 본인이 기대하지 않았던 재료로 상승하는 장중 시세 분출은 매도로 대응한다(특히 테마성 뉴스).

손절할 종목을
추리는 법

다음으로 투자를 하다 보면 어느 순간 손절을 해야 하는 순간이 다가옵니다. 손절할 결심이 필요한 구간이죠. 하지만 막상 실행하기는 어렵습니다. 심리적인 부분들에 지배되기 때문입니다. 따라서 이때는 스스로 세워둔 모종의 원칙들을 따르는 것이 좋습니다. 기계적으로 해 나가야 하는 것이죠. 손절할 종목을 추리는 데 도움이 될 만한 팁을 하나의 과정으로 살펴보겠습니다.

먼저 손절하지 않고 남겨 둘 종목을 포트폴리오에서 제외시키는 과정입니다.

1. 투자자 스스로가 어느 정도 이미 알고 있습니다. 즉, 자기 확신의 정도에 따라 종목을 판단합니다. 내가 이 종목의 이 정도 주가에 대한 확신이 있으며 지금 가격에서 손절 안 해도 된다는 종목들, 내재 가치에 대한 확신과 확실한 모멘텀이 있는 종목들을 제외합니다.

2. 그다음 지금 시장에서 헷지되는 성격이나 내 포트에서 헷지적 성격을 보여 주는 종목들을 제외합니다. 예를 들면, 2022년 시장에서는 에너지주나 경기 방어주, 가치주 등이 되겠습니다.

3. 그다음에는 저평가된 종목들을 제외합니다.

즉, PER, PBR 등이 저평가되어 있고 배당 등이 있어 MDD가 제한적인 종목들을 제외합니다. 이렇게 일단 종목들을 제외하고 나면 신기하게도 남은 종목들은 아마 손실 중인 종목들이 많을 것이라고 생각합니다.

그다음은 이제 이 남은 종목들 중에서 손절 종목을 골라내야 하는데, 아래와 같은 사항들을 고려하여 손절 종목을 선정해 봅시다.

1. 섹터가 겹치는 종목들을 이미 많이 들고 있는 경우
2. 내 계좌에서 손실이 큰 종목
3. 밸류가 높은 종목
4. 최근 추세가 안 좋은 종목

위 두 과정을 거쳐서 종목들을 선별하고 리밸런싱해 보십시오.

또 이렇게 선별된 기업들을 다시 점검하는 것은 필수입니다. 항상 계좌에 손실이 큰 종목들은 자꾸 끌고 갈 생각을 하면 안 되고 리스크를 제한할 생각을 해야 합니다.

전반적으로 초보 투자자일수록 종목 피킹이 중요하다고 생각하는 경향이 있습니다. 즉, 모든 투자 조언의 종착지는 "그래서 지금 뭐 사요?"가 되는 것이죠.

종목이 중요한 것이 아닙니다. 이 점이 중요합니다. 투자 성과가 좋은 사람들은 같은 종목을 던져 줘도 성과가 다릅니다. 그들은 좋은 성과는 크게 가져가고 리스크는 제한합니다.

아래 유의할 점들을 다시 한번 살펴봅시다.

- 종목이 중요한 게 아니다. 전체적인 계좌 관리가 성과를 결정짓는다.
- 전체 포트폴리오에서 시장을 이기지 못하는 종목이 너무 많으면 안 된다.
- 반대로 시장을 이기는 흐름을 보이는 종목들은 쉽게 손대면 안 된다(얕 은 수익에 만족하지 말자).
- 항상 일정 수준의 헷지할 수 있는 자산을 갖추는 것이 좋다.
- 손실이 큰 종목의 비중이 높아지면 분할로 매도하는 것도 방법이 된다.
- 장중에 주가의 흐름을 보고 섣부른 매매는 금지다.
- 평단가를 보지 말고 내 계좌에서 차지하는 역할과 비중을 염두에 두자.
- 잘 모르겠으면 아무것도 하지 말자. 일관성은 투자자가 지켜야 할 자 질이다.
- 많은 고민이 되는 종목은 투자가 아니다. 확신하는 것만큼 투자하는 것이다.

> "
> 어느 분야에서나 항상 바보 같은 짓을 하는
> 진짜 멍청이는 있기 마련인데, 주식 시장에서의 바보는 항상
> 자신이 시장에 참여하고 있어야 한다고 생각하는 사람들이다.
> 그 누구도 매일 자신이
> 주식을 매수하거나 매도해야 할 합당한 이유를 알지 못한다.
> 게다가 매번 주식을
> 현명하게 거래할 수 있을 정도의 지식을 갖춘 사람도 없다.
> – 제시 리버모어, 『어느 주식투자자의 회상』中
> "

개인 투자자들이
실패하는 10가지 이유

개인 투자자들은 왜 이렇게 투자로 성공하기가 힘이 들까요? 개인 투자자들이 실패하는 대표적인 10가지 이유를 적어 보았습니다.

1. 마켓 타이밍을 맞추려고 한다.

거시 경제나 기술적 분석에서 바닥을 예측하려 하고 최고점에서 팔고자 합니다. 본질적인 부분에 더 신경을 써야 하는데 이런 마켓 타이밍을 자꾸 맞추려고 하면 투자 포트폴리오에 일관성이 없어지게 됩니다. 투자에서는 과정이 더 중요합니다. 하지만 마켓 타이밍에 초점을 맞추게 되면 과정은 대개 무시되고 투자 결과와 자신의 능력을 연결시키는 오류가 발생하게 됩니다.

2. 심리적인 것에 휘둘린다.

주식은 생물이라고도 합니다. 특히 시시각각 변하는 시세에 매 순간 신경을 쓰면 심리적인 것에 휘둘려 결국 투자를 망치게 될 가능성이 높아집니다.

매매 계획도 미리 세워놓고 '탐욕'과 '공포'를 항상 경계해야 합니다.

전통적인 성공적인 가치 투자자들은 오히려 저점에서 사고 고점에서 파는 추세를 잘 맞추는 경향이 있는데 이는 이들이 훌륭한 마켓 타이머라서가 아니라 주가가 내재 가치보다 할인된 순간에 '공포'에 휘둘리지 않고 침착하게 매수를 하고 사람들이 모두 "좋다"를 외치고 한 방향으로 휩쓸릴 때 '탐욕'이라는 감정에 매몰되지 않고 차분히 매도를 해 나가기 때문에 결과론적으로 그렇게 되는 것입니다. 심리적인 것에서 멀어지십시오. 감정은 곧 약점입니다.

3. 군중의 한 일원이 된다.

나는 아니라고 외치고 싶겠지만 먼발치에서 보면 결국 기관 투자자들뿐 아니라 대부분의 투자자는 당연히 군중의 일원일 가능성이 높고, 대부분의 투자자는 평균으로 회귀할 것입니다. 이는 많은 군중이 결국 시장의 인기에 편승한다는 말이기도 합니다. 모두가 좋다고 할 때는 주식은 당연히 비싸게 거래됩니다. 문제는 바로 이제 대부분의 사람이 이 주식을 들고 있다는 것이죠.

"나보다 비싸게 사 줄 사람은 누구인가?"를 항상 생각하시면 좋겠습니다. 증시 격언에 이런 말이 있습니다.

"현자가 시작한 일을 바보가 마무리한다."

주식이 가장 싸게 거래될 때는 비관적 전망이 가득하며 아무도 관심을 기울이지 않을 때입니다. 그러나 이러한 순간들은 항상 외롭습니다.

4. 조급하다.

우리가 매우 매력적인 투자 대상을 발견했다고 해서 그 시점부터 바로 투자를 해야 하는 것은 결코 아닙니다. 기다림의 기간도 투자 기간에 해당됩니다. 그리고 수익도 복리 효과를 제대로 누리기 위해서는 누적된 수익이 복리로 쌓여 갈 수 있는 시간의 힘이 발현되어야 하고 손익비가 성립해야 하는데 이 사실을 망각합니다. 오히려 기민하게 대응해야 할 리스크에는 느긋하게 대처하고 수익은 재빨리 확정 짓고자 하는 경향이 있습니다.

5. 개인 투자자의 장점을 활용하지 못한다.

개인 투자자의 장점은 매우 많습니다. 단기간 성과 압박에 시달리지 않을 수 있기 때문에 투자 일관성을 오랜 기간 유지할 수 있으며 단기간 나쁜 성과를 견뎌낼 수 있습니다.

또한 반대로 리스크에는 즉각적으로 대처할 수 있습니다. 언제든 매매할 수 있기 때문이죠.

거래를 많이 할 필요도 전혀 없습니다. 그럼에도 불구하고 개인 투자자들은 거래를 매우 많이 함으로써 이 장점을 많이 상쇄시킵니다. 개인 투자자는 꾸준한 현금 흐름도 발생합니다. 근로 소득, 기타 소득으로 꾸준한 현금 흐름을 투입할 수 있습니다.

마지막으로 이제 기관 투자자와 개인 투자자의 정보 격차의 갭이 크지 않습니다. 내부자 정보나 나만 아는 고급 정보는 증권 시장에 없습니다.

6. 투자의 일관성을 유지하지 못한다.

많은 사람이 이 부분을 이해하지 못하는데, 다른 원칙보다도 특히 이 원칙이 중요합니다. 투자는 일관성이 있어야 합니다. 개인 투자자들이 책에서 접하든 유튜브에서 접하든 어디에서 접하든 간에 그게 가치가 있는 올바른 전략이라면 어떤 전략이든지 투자 일관성을 유지하면 성과를 기대할

수 있습니다. 그러나 투자자들은 너무나도 쉽게 관점과 일관성을 흐트러
트립니다.

물린 종목을 끝까지 홀딩하라는 이야기가 아닙니다. 애초에 투자 아이디
어를 명확히 하고 그 아이디어와 관점이 맞다고 생각한다면 시간 지평을
정하고 단기간 나쁜 성과를 견디라는 이야기입니다.

7. 변동성을 이해하지 못한다.

주가의 변동성을 이해하지 못합니다. 계단식처럼 올라가기만 하는 종목
이나 단기간 가파르게 급상승하는 종목을 만나는 것은 대개의 경우 '운'의
영역입니다. 그러나 개인 투자자들은 이것을 바라보고 투자를 하는 경우
가 많습니다. 하락 변동성이 있으면 상승 변동성도 있다는 것을 이해하지
못하고 하락장의 공포심에 보유 주식을 매도하고, 연속적인 상승 시세에
는 구간 구간의 하락도 같이 존재한다는 것을 망각하고 단지 단기간의 하
락이 두려워 얕은 수익에 주식을 던집니다. 항상 장기 수익률을 목표로 하
고 단기 변동성은 기꺼이 떠안아야 합니다.

8. 모른다는 것을 모른다.

시장은 투자자들이 생각하는 것보다 훨씬 효율적입니다. 내가 아는 정보
는 남들도 다 아는 정보입니다. 경제 전망은 예측하기가 매우 어려우며 남들
보다 내가 뛰어난 '초과 성과'를 거두려면 하워드 막스의 말처럼 남들이 모
르는 것을 알거나 특정한 부분에 있어 매우 깊은 지식과 통찰력을 가지고 있
거나 그게 아니라면 거래에 있어서 특정한 스킬 등을 가지고 있어야 합니다.

당신은 그런 기술이나 통찰력을 가지고 있습니까?
남들보다 당신이 더 많이 벌어야 하는 이유는 무엇입니까?

투자에서 가장 기본적인 개념은 '불확실성'입니다.

즉, 대부분의 투자자는 미래에 대해서 잘 알지 못합니다. 예측은 대부분 빗나갑니다. 모르는 게 정답입니다. 투자가 원래 그러한 것입니다.

그러나 모른다는 것을 모릅니다.

9. 과도하게 거래한다.

말 그대로입니다. 제시 리버모어가 시장에서 제일 바보는 매일 거래를 해야 한다고 생각하는 멍청이들이라고 표현한 구절을 기억하시기 바랍니다.

우리는 매일 거래할 필요가 전혀 없습니다.

10. 매수 후 망각한다.

새로운 아이디어는 늘 신선합니다. 매수 후 망각하는 경우는 의외로 많습니다. 성과가 좋아도 그렇고 나빠도 그렇습니다. 물론 기업의 가치라는 것은 자주 변하는 것은 아니지만 일단 집의 가치가 올라가려면 내 옷장부터 정리하는 일이 우선입니다.

포트폴리오 내 보유하고 있는 기업을 우선시하십시오.

가끔 보면 초보 투자자들이 이런 경우가 많은데, 이들은 물린 종목은 늘 계좌 한편에 심각한 수익률로 방치시키고 새로운 종목을 늘 찾아 다닙니다.

WISE

INVESTMENT

PHILOSOPHY

제 7 장

포트폴리오 관리 전략

20%의 현금은
반드시 지켜라

　일정한 현금 비중을 항상 유지해야 합니다. 투자자의 성향에 따라 기준이 조금 다를 수 있지만 기본적으로 20%~50%의 예수금은 항상 들고 있는 것이 좋습니다.

　저는 20% 정도의 현금 비중은 끝까지 지키며 절대 쉽게 쓰지 않습니다. 없는 돈이라고 생각합니다. 오로지 이 현금이 쓰일 때는 증시의 폭락 구간뿐입니다. 어느 정도 폭락이냐는 기준이 다를 수 있겠지만, 지수 기준으로 15%~20% 이상 밀리는 구간을 말합니다. 물론 지수의 상대적 위치에 따라 조금은 다를 수 있겠습니다.

　코로나나 리먼 사태, IMF 급의 증시 폭락은 그렇게 자주 오는 것이 아니므로 예외로 합니다. 이런 때가 온다면 다른 자산을 털어 주식을 매수할 때겠죠.

　그리고 이런 폭락 구간에 예수금을 다 소진했다가 증시가 회복하는 구간이 오면 예수금의 비중을 조금씩 늘립니다. 지수가 어느 정도 부담스러운 구간에까지 왔다고 판단이 들 때는 예수금의 비중은 더 늘립니다.

필자는 기본적으로 투자자는 시장에 머물러 있어야 한다고 생각하기 때문에 극단적으로 예수금 비중을 늘리지는 않습니다. 따라서 기본적으로 50%~80% 정도는 항상 투자하고 있습니다. 다만 이때 내가 들고 있는 종목은 압축된 확신을 가진 좋은 종목들이어야 합니다.

언제나 최선의 종목을
들고 있어라

항상 이 점에 신경 써야 합니다. 에드워드 다모다란 교수에 의하면 6개월 동안 성과가 좋았던 종목들이 다른 종목군에 비해 추후 1년 내 성과가 더 좋습니다. 모멘텀 투자의 성과가 증명되는 셈입니다. 또한 단기간의 주가는 예측이 힘들지만 주가의 추세 자체가 그 종목이 가진 경쟁력을 보여주는 것이기도 합니다.

우리는 오르는 종목을 계속 보유하고, 내리는 종목은 경계해야 합니다.

투자의 대가들이 공통적으로 하는 말이 있습니다. 오른다는 이유가 매도의 사유가 될 수 없다는 것입니다. 단지 너무 많이 올랐다는 이유만으로 매도를 쉽게 해 버리는 것은 최악의 실수 중 하나입니다.

시장이 전체적으로 상승 추세에 있을 때는 내 포트폴리오에 수익 중인 종목을 익절하는 게 아니라 손실이 심한 종목을 조금씩 덜어내는 것이 핵심입니다.

물론 어느 정도의 수익 실현으로 차곡차곡 곳간을 늘려 가는 것도 중요합니다. 그러나 더 중요한 것은 시장에서 아니라고 말하는 종목의 비중을 늘리지 않고 리스크를 관리하는 것입니다.

이렇게 다듬는 과정을 잘하다 보면 나중에 내 계좌에는 좋은 종목들만 남게 될 확률이 높고 주도주가 남을 확률이 높습니다. 주도주는 기간도 어느 정도 지나고 시세를 어느 정도 내야 주도주로 인정받는 것입니다. 그런데 이런 주도주를 들고 있으려면 일단 성과가 좋은 종목들을 잘 '보유하고' 있어야 합니다. 원래 수익 나는 종목을 오래 들고 있기가 더 어렵습니다.

이런 종목들은 일시적 등락을 겪더라도 조금 인내하고 느긋한 마음으로 가져가고 손실 나는 종목을 타이트하게 관리해야 합니다.

그래야 시장을 이길 수 있는 포트폴리오가 만들어집니다.

반대로 하면 어떻게 되겠습니까? 주도주가 될 수 있었던 좋은 종목들은 얕은 수익에 덜어내 버리고 내 계좌에는 최악의 손실 중인 종목들만 비중이 커진 채로 남게 됩니다. 그리고 투자자는 "나는 왜 이렇게 운이 없는 걸까?"라고 자책하게 될 것입니다. 무엇이 진짜 문제인지도 모른 채로.

수익은 반드시
다른 계좌로 옮겨라

필자가 반드시 지키는 전략입니다. 수익은 반드시 인출하여 다른 계좌로 옮깁니다. 같은 계좌에 수익을 놔두게 되면 단기간 안에 그대로 '재투자' 될 가능성이 높기 때문이기도 합니다.

같은 증권사의 다른 계좌도 쉽게 이체가 가능하므로 조금 번거롭더라도 다른 증권사의 계좌나 예·적금 통장으로 이체시키는 편이 좋습니다.

이렇게 해야 수익을 따로 불려 가는 재미를 느낄 수 있습니다. 그리고 이렇게 마련한 예수금은 시장이 안 좋을 경우에 투자금으로 요긴하게 활용될 수 있습니다.

수익 난 돈을 직접 인출하는 것도 좋은 방법입니다. 예를 들어 내가 100만 원의 수익을 거두었다고 칩시다. 이때 100만 원이 단순 계좌에서 증가한 모습은 별로 감흥이 없지만 실제 이 돈을 인출해서 눈으로 보면 느낌이 많이 다릅니다. 돈에 대한 소중한 느낌도 가질 수 있게 되고 신중하게 돈을 사용할 확률도 높아집니다.

또 하나, 필자가 사용하는 좋은 계좌 운용 전략을 하나 공개하겠습니다. 바로 손절 없는 계좌를 만드는 것입니다. 이 책 전반적으로 강조하는 것 중 하나가 리스크 관리인데 손절을 안 한다니 이게 무슨 말일까 싶으실 겁니다. 손절을 안 하려면 어떻게 해야 할까요? 손절을 하지 않으려면 매수에 많은 신경을 쓰고 최대한 보수적으로 포트폴리오를 운용해야 합니다.

저는 위에서 말한 수익을 따로 이체하는 계좌를 손절 없는 계좌로 운용합니다. 그리고 이 계좌에 제가 포트폴리오 운용 수익 외에 들어오는 근로소득이나 기타 소득도 입금합니다.

따라서 이 계좌에는 지속적인 현금 흐름이 유입됩니다. 전략적인 물타기와 비중 확대를 할 수 있는 좋은 여건을 갖춘 셈이죠.

거기에다 추가적으로 이 계좌의 전체적인 운용 전략을 방어적으로 운용하면서 원칙들을 지켜 나가면 정말 웬만해서는 손절할 일이 거의 만들어지지 않는다고 보면 됩니다.

기본적으로 방어적으로 보는 시각, 철저한 분할 매수, 수익은 지키는 전략, 안전 마진의 확보, 충분한 인내 후 매수, 지속적으로 들어오는 현금 흐름 등이 계좌가 복리로 늘어나는 것을 지켜 주는 전략들이 됩니다.

독자분들도 한번 해 보실 만한 가치가 충분하다고 자신합니다.
이 책에 있는 방어적 포트폴리오 원칙을 활용하여 손절 없는 계좌를 한번 만들어 보십시오.

마지막으로 손절 없는 계좌의 방어적 운용 전략을 다시 한번 정리합니다.

- 점진적이고 긴 시간 지평의 분할 매수
- 인내 후 매수
- 안전 마진 30% 이상 확보
- 계좌 현금 유입
- 높은 현금 비중
- 경제적 해자가 있는 종목만 매수

추격 역지정가
방식을 활용하라

수익은 수익일 때 지키는 것이 좋습니다. 잘못된 시점에 종목을 매수해서 크게 물리는 것도 문제이지만 큰 수익을 그대로 반납하고 손실 구간으로 끌고 가는 것은 더 큰 문제입니다.

내가 매수한 이후 충분한 수익권에 접어든다면 추격 역지정가 방식을 활용하여 기준이 되는 매도가도 같이 올리는 것이 좋습니다. 그래야 수익을 지킬 수 있습니다. 보통 필자는 20일 선 정도를 기준으로 삼고 거래량과 이격도를 판단하여 결정을 내립니다.

또한 시세 되돌림 현상은 3/4 지점을 넘어가서는 안 된다는 것을 기억하십시오.

종목이 상승 추세에 있더라도 아래위 파동을 그리며 가는 것이 정상이기 때문에 일정 폭 시세를 되돌리는 것은 큰 문제가 없으나 그 시세 되돌림이 3/4을 넘어가는 수준이라면 좋은 징후가 아닙니다.

따라서 이 수준에서는 최소한 수익을 실현하고 지키는 것이 더 좋은 전략입니다.

주 포지션과
보조 포지션을
구분하라

투자를 함에 있어서 주 포지션과 보조 포지션의 구분을 명확히 하는 것이 좋습니다.

필자의 경우 주 포지션은 투자 아이디어에 대해 명확한 관점과 전망이 있고, 비교적 장기로 끌고 갈 수 있는 확신 있는 종목들을 배치합니다. 섹터 종목들을 바스켓으로 깔아 놓는 경우도 많습니다.

바스켓으로 깔아 놓는 이유는 섹터 전체가 시세를 받을 때 그 시세를 오로지 다 누리기 위함이라고 보면 되겠습니다. 물론 한두 종목에 집중 투자할 수 있지만 투자자가 비교적 정확한 판단을 했다 치더라도 시장의 반응과 섹터의 대장주가 어떤 종목이 될지는 다를 수 있기에, 투자하려는 섹터 전반적으로 종목을 깔아 놓고 관찰하며 가장 좋은 종목으로 추려 나가는 방식을 선호합니다. 이 기간 충분히 리서치를 하면서 개별 종목들의 상대적 비교를 해 나가면 소수의 종목으로 압축할 수 있게 됩니다.

주 포지션은 시세 차익을 위한 투기의 관점보다는 기업을 소유한다는 투자자의 관점에 가깝습니다. 따라서 변동성에 대한 대응은 단기 변동은 무시하고 과도한 주가의 하락은 오로지 매수로 대응하는 것이 좋습니다.

이러한 주 포지션 종목들을 장기적인 비전을 가지고 비중 있게 투자를 해 나간다면, 보조 포지션은 그때그때 시장의 트렌드에 따라 추세 전략을 구사하며 인기 업종을 단기간 트레이딩 하는 식으로 운용할 수 있습니다. 여기서 중요하게 생각하는 부분은 편입을 무분별하게 하지 말아야 한다는 것입니다.

즉, 개인의 성향과 투자 스타일에 따라 엄격한 스크리닝이 필요합니다. 투자하기 전에 시간 지평 설정에 대한 생각이 필요하고, 리스크 제한에 대한 인식을 하고 진입하기 전부터 이미 청산 지점을 생각하고 진입해야 합니다. 마지막으로 이런 보조 포지션 종목들을 매매할 때는 일종의 기준점이 있는 것이 좋습니다. 예를 들어 '나는 5천억 미만의 소형 우량주만 하겠다' 혹은 '자사주 매입을 하는 종목만 하겠다', '기관 수급이 확연히 들어오는 종목만 하겠다'라는 식의 기준점이 있어야 추후에 성과를 검토하기도 쉽습니다. 그렇지 않으면 계좌는 부지불식간에 다이소식 계좌가 되어 버리거나 지수에 연동되며 이것도 저것도 아닌 계좌가 되기 쉽습니다.

$ 투자 꿀팁

✓ 트레이딩 시작 전 반드시 고려할 것

- 주가 하락 시 구체적 청산 지점을 설정한다.(ex: 240일 이평선 하향 돌파 or 장대 양봉 50% 지점 하향 돌파 or 5% 손절 라인 설정 등)
- 시간 지평을 설정한다.(데이 트레이딩은 성과와 관계없이 당일 청산)
- 목표 수익률을 설정한다.(손익비를 고려하여 적절한 목표 수익률을 설정, 추후 시장 고려하여 목표 수익률 조정)
- 포트폴리오 내 비중을 고려한다.

오르는 종목에게는
인내심을

　오르는 종목은 인내심을 가지고 지켜보는 것이 좋습니다. 보통 어느 정도 기대한 수익률 이상을 달성하게 되면 수익을 실현하고 싶은 심리적 기제를 가지게 되는 것이 자연스럽습니다. 또한 시세가 나면서 상승 추세를 잘 타는 경우에는 종목의 거래량도 자연스레 증가하고 변동성도 더욱 커지게 됩니다. 그러다 보면 종목의 시세를 더욱더 관찰하게 되고 종목의 시세를 관찰하다 보면 결국 매매에 나서게 될 확률이 높아집니다.

　계좌에 30% 정도의 수익률을 기록하고 있는 종목이 있다고 가정해 봅시다. 우리는 이 종목이 30%의 수익률을 넘어 50%, 100% 가기를 바라야 합니다. 왜 그럴까요?

　- 매수 시점에서 30%의 수익률보다 50% 수익률에서 100% 수익률을 달성하는 것이 더 쉽습니다.

　한번 생각해 보겠습니다. 제가 10,000원일 때 이 종목을 사서 주가는 13,000원이 되었습니다. 수익률은 30%겠죠. 15,000원이 된다면 50%, 20,000원이 된다면 100% 수익률입니다.

따라서 50%에서 100% 수익률로 가기 위해서는 매수자의 평단 기준으로는 약 33.3%가 올라야 합니다. 거의 비슷한 수준의 편차이지만 상대적으로 훨씬 달성하기가 쉬울 수 있습니다. 보통 주가가 50% 정도 수준까지 오르면 이 종목은 신고가를 내고 있을 가능성이 큰 상태입니다. 이런 상태에서는 소화해야 할 매물도 없는 상태이기에 변동성은 크지만 주가가 상방으로 쉽게 쉽게 가기가 좋은 여건이 만들어집니다. 따라서 투자자가 느끼는 체감은 처음 30%가 어렵지 그 이후 구간들은 종목이 시세를 제대로 받고 있다면 점점 더 쉬워집니다.

수익률이 100%를 넘어가면 단기 과열 상태일 가능성이 높습니다. 따라서 이때는 종목의 펀더 멘탈로 주가가 올라간다기보다는 시세가 시세를 밀어 올리는 형국일 가능성이 높습니다. 이 상단을 투자자 스스로 제한할 필요가 전혀 없습니다. 상대적으로 100%에서 200% 이상까지의 수익률을 달성하는 경우에는 보통 매우 단기간에 이루어지는 경우가 많습니다.

본인의 계좌에 신고가를 갱신하는 종목이 나타난다면 기회라고 생각하시고 조금 더 인내심을 발휘하십시오.

필자의 경우에는 이렇게 합니다. 수익 중인 종목을 매도할 때는 일단 시세가 진행 중일 때는 그냥 내버려 둡니다. 투자자 스스로가 목표 주가를 달성했다고 해서 아직 상승 추세가 진행 중이며 시세를 내고 있는 종목에서 뛰어내릴 필요가 없습니다. 따라서 상승 중일 때는 관찰하다가 추세가 꺾이는 기술적 요인들이 관찰되기 시작하면 분할로 매도하기 시작합니다. 그리고 일부 물량은 반드시 남겨 둡니다. 추세가 완전히 꺾이는 모습을 보고 팔아도 절대 늦지 않습니다.

이렇게 해야 수익률을 300%까지 달성할 수 있는 종목인데 50% 정도에서 전량 매도하고 후회하는 일이 발생하지 않습니다. 300% 수익률을 달성할 수 있다면 여기에서 어느 정도 시세가 꺾인 150%~200%의 수익률에서 매도하는 것은 아무런 문제가 되지 않습니다.

목표 주가에 연연하지 마시고 시세는 시세 있는 그대로 바라보시는 것이 좋습니다. 방향이 위쪽이라면 그냥 가만히 있으면 됩니다.

대부분의 투자자에게 큰돈을 벌어다 주는 것은 엉덩이입니다. 기본적으로 우리가 가져야 할 관점은 투자의 관점이지만, 매매의 관점에서는 현명한 투기꾼이 되어야 한다는 것을 떠올리면 도움이 될 것입니다.

🔍 💲 투자 꿀팁

오크트리 캐피털의 하워드 막스는 투자자들이 일시적인 하락에 대비해서 혹은 시장의 하락을 대비해서 매도하는 데는 다음과 같은 문제들이 있다고 지적한다.

- 왜 일시적 하락에 대비해서 장기적인 미래가 긍정적인 자산을 매도해야 할까?
- 하락이 현실화하지 않을 가능성도 있지 않을까?
- 하락이 발생하지 않을 수도 있지만, 발생하더라도 재진입할 때는 어떻게 알아낼 것인가?
- 매도하고 난 후 그 수익금으로 그만한 좋은 포지션을 다시 잡을 수 있을까?

손실 중인 내 종목은
살릴 수 있을까?

손실 중인 종목을 살려내는 과정에 대해서 한번 생각해 봅시다. 매수를 적정한 시점에 했다고 생각했지만 어느새 수익률이 −20%인 지점으로 왔습니다. 투자 성향에 따라 다르겠지만 앞으로 이 종목에 대해 어떻게 대응해야 하나 고민이 드는 시점이라고 가정해 봅시다.

투자는 확률 게임입니다. 불확실한 조건들 속에서도 조금 더 확률이 높은 쪽을 상대적으로 선택하는 훈련의 연속이죠. 자, 여기서 생각해 봅시다. −20%인 지금 지점에서 확률 높은 선택을 하려면 일단 이 −20%라는 수치에서 벗어나야 합니다. 시장은 내가 얼마에 샀는지 신경 쓰지 않기 때문이죠. 단지 앞으로 이 종목의 주가가 어떠할지를 고려하는데 나의 수익률 따위가 확률적 사고에 개입될 수가 없습니다. 심리학적 용어로 '앵커링 효과'라고도 하는데 특정 지점을 기준으로 모든 걸 생각하는 사고입니다.

우리는 이런 모든 심리적 편향을 일단 집어던져야 합니다. 확률적 사고를 하기 위해서 말이죠. 내 기준이 아니라 항상 시장 기준으로 생각해야 합니다. 그렇다면 종목의 펀더멘탈에 관한 언급도 없이 지금 이 시점에서 −20%라는 수익률을 기록하고 있고 종목을 매수한 지가 그리 오래되지 않앉다면 여기서 확실한 절대적 명제는 무엇일까요?

바로 이 종목이 하락 추세라는 것이 명제입니다. 지금 이 시점에서 하락하는 추세의 종목을 가지고 있는 것이죠. 여기서 시작해야 합니다. 추세와 친구가 되라는 말은 시장에서 중요한 조언 중 하나입니다. 추세만 본다면 적어도 단기간에는 상승할 확률보다는 하락할 확률이 더 높다고 보는 것이 확률적 사고입니다. 그러면 하락하는 추세의 종목을 내가 보유하고 있는데 이 종목을 수익으로 연결시키려면 어떤 관점에서 접근해야 할까요?

가치 투자와 역발상 투자의 관점에서 접근한다면 되겠지요. 즉, 종목의 가치가 할인되고 있는 구간이니 즐겁게 받아들이는 것입니다. 그러면 이러한 투자의 관점에서는 어떠한 조건들이 필요할까요?

먼저 안전 마진의 개념이 있어야 합니다. 주가가 더 하락한다면 투자자가 판단한 내재 가치 이하로 떨어진다는 안전 마진이 존재해야 합니다.

또, 더 낮은 가격에서 충분히 살 수 있는 예수금이 있어야 합니다.

마지막으로 긴 시간 지평입니다. 하락이 어디까지 이어질지, 얼마나 깊어질지는 아무도 알 수 없습니다. 이러한 긴 손실 구간을 버티고 인내할 만한 인내심과 확신이 있어야 합니다.

> **안전 마진, 예수금, 시간**

즉, 안전 마진, 예수금, 시간이라는 세 가지 조건이 필요하고, 나의 투자 아이디어가 장기적으로는 옳은 아이디어라는 것이 기본 전제로 필요한 것입니다.

이러한 관점에서 손실 중인 종목을 접해야지만 소위 말하는 투자의 관점에서 대응이라는 것이 가능한 것입니다. 그게 아니라면 이 대응을 철저한 리스크 관리의 차원, 즉 리스크를 제한하는 쪽으로 방향을 잡는 것이 더 옳은 전략이라고 필자는 생각합니다.

이를 정리해 보면 다음과 같습니다.

- **투자의 관점인지 트레이드의 관점인지를 생각한다.**
- **얼마까지 하락할 수 있을지를 판단해 본다.**
- **가용할 수 있는 예수금의 수준을 고려한다.**
- **시간 지평을 고려한다.**
- **심리적 편향은 배제하고 현재의 시점에서 투자가 적합한 대상인지만을 고려한다.**

결론적으로 투자자가 시장에 던져야 할 질문은 '손실 중'인 내 종목은 살릴 수 있을까가 아니라 "이 종목이 '지금' 투자의 관점에서 어떠한 기회를 주는가?"가 되어야 하겠습니다.

만약 그 답이 '지금' 투자하기에 충분히 적합한 종목이라면 투자자가 결국 누릴 과실은 이제까지 입은 손실을 충분히 만회하고도 남을만한 몫이 될 것이라고 생각합니다.

손실 회피 성향에서 벗어나 확률적 사고를 합시다. 잃은 돈과 본전이 중요한 것이 아니라 남은 돈과 미래가 중요한 것입니다.

포트폴리오 점검 체크 리스트

전체적으로 포트폴리오를 점검할 수 있는 체크 리스트를 활용해 봅시다.

하나씩 점검해 보면서 따라 해 본다면 어떻게 포지션을 만들어 나가고 리밸런싱할 수 있을지 계획을 수립하는 데 도움이 될 것이라고 생각합니다.

» 증시의 하락, 상승 두 방향성에 걱정이 없는가?
상승할 만한 여력이 있어야 하는 건 당연하고, 증시가 하락한다고 해도 전체적으로 보기에 크게 문제가 없을 만한 포지션이어야 합니다.

» 전체적으로 계좌 수익률이 양(+)인 상태인가?
전체적으로 수익 중인 종목의 수와 비중이 높아야 합니다. 손실 중인 종목의 비중이 높은 것은 계좌 관리에 문제가 있다는 방증이 됩니다. 리밸런싱할 필요가 있습니다.

» 주 포지션과 보조 포지션의 구분이 잘 되어 있는가?
주력으로 삼는 종목들은 투자자가 잘 아는 능력 범위에 속해 있고, 확신이 있으며, 장기간 투자할 의향이 있으며, 높은 기대 수익률을 가지고, 하락해도 더 살 수 있는 종목들을 말합니다.

반대로 보조 포지션의 종목들은 상대적으로 시세 차익을 바라고 있고, 확신의 상태가 약하고, 하락해도 쉽게 포지션을 늘리기 어려운 종목들을 말합니다.

이러한 종목 포지션의 구분이 명확하며 투자자가 스스로 알고 있어야 하고, 증시가 어려운 구간에 진입할수록 주 포지션의 종목들이 비중이 높아지도록 운용해야 합니다.

» 증시가 하락한다면 어떤 종목을 살지 풀(Pool)이 준비되어 있는가?

사실 기본 중의 기본이라 할 수 있습니다. 미리 매수할 종목을 만들어 놓고 기다리면 증시의 하락도 즐거울 수 있습니다. 안전 마진이 충분히 확보되는 종목들을 최대한 많이 만들어 놓아야 합니다.

종목 풀을 넓혀 놓을수록 증시에 여유 있게 대처가 가능하고 주식을 싸게 매입할 확률이 올라갑니다.

» 헷지형 자산이 있는가?

상대적으로 보완하는 성격의 종목군이 있어야 합니다. 저는 좋아하진 않지만 대표적으로 인버스류의 종목이 예시가 되겠습니다. 저는 VIX 지수에 연동된 상품을 선호하는 편입니다. 그냥 여러 섹터에 깔아 놓는 것은 헷지가 아닙니다. 반대되는 성격이어야 합니다.

이러한 종목을 크게는 아니더라도 10%~20% 정도는 들고 있을 필요가 있습니다. 그래야 증시의 변동성에 대한 대응이 한결 쉬워집니다. 물론 현금을 들고 있는 것도 좋은 전략입니다. 약세장에서는 'Cash is king'이라는 격언이 늘 언제나 절대 명제였습니다.

» 종목당 포지션은 적절한가?

확신하는 종목일수록 비중이 높아야 합니다. 고확신 종목의 비중이 높을수록 심리적으로도 안정적인 트레이드를 할 수 있을 가능성이 높아집니다. 종목의 평단가 관리도 중요하고 수익률도 중요하지만 이것보다 더 중요한 것은 포지션에 대한 노출도입니다. 주력으로 삼는 종목들의 포지션에 가장 신경 쓰시는 것이 좋습니다.

» 시장 주도주 포지션을 얼마나 쥐고 있는가?

전체적으로 내 포트폴리오가 시장에 대비해 강한 흐름을 보이고 있는지 약한 흐름을 보이고 있는지 점검할 필요가 있습니다. 주도주가 내 포트폴리오에 많다면 당연히 시장보다 강한 흐름을 보일 것이고 그 반대라면 시장이 오를 때는 시장 대비 덜 오르고 내릴 때는 더 많이 하락할 것입니다. 이러한 상태에서는 포트폴리오에 대한 강한 확신이 없다면 리밸런싱을 고려하는 것이 좋습니다.

WISE

INVESTMENT

PHILOSOPHY

제 8 장

투자에 대한 생각

절대 가치주만
투자하지 마라

밸류에이션은 투자하면서 가장 기본적으로 신경 써야 하는 부분이지만 너무 저평가된 종목에만 집착하다 보면 상승 여력이 큰 대박 종목을 놓칠 확률이 있습니다. 오랜 기간 저평가된 가치주들은 보통은 그만한 이유를 다 가지고 있습니다. 시장은 대부분의 시간에 효율적이라는 것을 기억하십시오. 싸게 거래되는 데는 이유가 있고 비싸게 거래되는 데도 이유가 있기 마련입니다. 정보의 격차가 거의 없다고 봐도 무방한 효율적인 시장에서 대부분의 종목은 미래 성장성과 현금 흐름을 반영한 가격으로 거래됩니다. 따라서 미래 전망이 밝은 성장주는 당연히 싼 가격에 거래되지 않습니다. 할인하는 구간도 거의 만나기가 힘든 것이 사실입니다.

그러나 성장주에 반드시 투자해야 하는 이유들이 있습니다.

성장주를 좋은 가격에 매수하면 큰 기대 수익률을 기대할 수 있습니다. 단기간 내에 대박이 나는 종목들은 특징이 있습니다. 꿈을 먹는 기업이라는 것이죠. 주식 시장은 불확실성을 싫어합니다. 그러나 꿈의 불확실성은 좋아합니다.

예를 들어 어떤 기업이 영업 이익 100억을 벌다가 300억을 벌게 된다고 가정해 봅시다. 그런데 이 300억은 실현 가능성이 매우 높다고 가정해 보겠습니다. 이런 상태에서는 논리적으로는 이익이 3배 늘었으니 주가도 3배쯤 가야 할 것 같지만 그렇게 되지 않을 확률이 상당히 높습니다. 모두가 알고 있는 정보기 때문입니다. 주가는 미래를 가져오는 것이기 때문에 주가는 이미 그다음을 걱정하는 것이죠.

그러나 이러한 이익의 가시성이 불투명하지만 그 범위가 넓게 확장될 수 있고, 혁신성이 있으며, 일반적으로 쉽게 이해하기 어려운 영역에 속해 있다면 오히려 이런 종목들은 꿈을 먹고 가기 때문에 상방이 열려 있는 투자가 될 가능성이 높아집니다.

로봇, 메타버스, 콘텐츠 등의 섹터가 상승할 때 때로는 과하게 상승하는 이유입니다.

이런 것을 기대하고 투자하라는 것이 아닙니다. 그러나 이런 성장 섹터한두 개쯤은 반드시 업황을 이해하고 기다리다가 좋은 가격이 왔을 때 포지션을 잡는다면 큰 수익을 가져갈 수 있습니다.

이런 성장주 중에서도 지속적인 경쟁 우위를 가지고 있어 시간이 투자자의 편이 될 수 있는 기업들을 추려 내기 위해서는 다음과 같은 사항을 체크하면 도움이 됩니다.

1. 경기 사이클과 상관없이 꾸준한 이익과 높은 영업 이익률을 보여 주는가?
 - 사이클을 타는 사업보다는 '꾸준한' 이익을 내면서 이익을 차곡차곡 쌓는 기업이 좋습니다.

2. 이 기업은 자본 이익률이 높고 자본 집약도가 낮은 사업인가?

- 성장을 위해 지속적으로 재투자를 크게 해야 하는 자본 집약적 사업은 피하시고, 자산이 최소화되어 있고, 재투자가 크게 필요하지 않으면서도 이익률이 높은 기업을 선택하십시오.

3. 매출과 이익이 지속적으로 성장하는가?

- 이익의 꾸준하고 지속적인 성장은 장기적인 주가 수익률과 가장 상관관계가 높은 지표입니다.

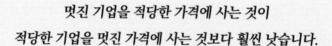

멋진 기업을 적당한 가격에 사는 것이
적당한 기업을 멋진 가격에 사는 것보다 훨씬 낫습니다.

– 워런 버핏

💲 투자 꿀팁

✓ 현명한 투기꾼이 되어라.

미래와 밀접하게 연관되어 있는 섹터는 시세가 날 때 크게 난다. 이런 섹터를 선점해서 수익이 나면서 시장의 주도주가 되고, 시장이 추세적으로 올라가는 구간에 들어서면 얕은 수익에 만족하지 말고 충분한 수익이 날 때까지 내버려 두면 된다. 오히려 이럴 때는 마음은 느긋하게 먹되 매도 시점에 대한 접근은 기술적으로 하는 것이 좋다. 수익이 크게 날 때는 기술적으로 확연한 매도 시그널이 나올 때까지 기다려도 늦지 않다.

대박 종목을 노리는 당신이
기억해야 할 것

투자자라면 누구나 꿈꾸는 '텐베거(Tenbagger)', 10배로 주가가 뛰는 종목을 말합니다. 누구나 그려 보고픈 즐거운 상상이죠. 시장에서 보통 1년에 적게는 한두 종목에서 몇 종목은 10배 가까이 뛰는 걸 지켜볼 수 있습니다.

10배짜리 종목을 만나려면 어떻게 해야 할까요?

우선 기간을 길게 두고 보면 10배짜리 종목은 쉽게 찾을 수 있습니다. 누구나 애플, 아마존, 테슬라 등이 10배, 더 긴 기간으로 놓고 보면 몇십 배, 몇백 배 주가가 상승한 종목이라는 것은 알고 있습니다. 그러나 주변에서 애플이나 아마존으로 수익률 1,000%를 달성한 사람을 본 적이 있습니까? 이렇게 장기간 경쟁력 있는 기업에 투자하면서 수익이 크게 난 주식을 아주 오래 보유하고 있는 것은 아무나 하는 일이 아닙니다. 이런 인내심이 있는 사람이라면 사실 어떤 투자를 하든 성공 투자를 하고 있을 확률이 높습니다. 삼성전자에 20년 투자하면 '유퀴즈' 같은 프로그램에 나올수 있습니다. 이 글을 읽는 독자들도 지금부터 20년 동안 한 기업에 투자하고 그 기업이 지금의 애플이나 아마존처럼 1등 자리를 유지하며 살아남는다면, 그리고 그 기간 주식을 한 주도 팔지 않고 보유할 수 있다면 아마도 유퀴즈 같은 TV 프로에 나올 수 있을 것입니다. 물론 그때는 유퀴즈가 없을 확률이 높을 테지만요.

그러니 이런 오랜 기간 투자한 성공 스토리는 제외하고, 비교적 단기간 내에 빠르게 상승한 종목의 경우를 살펴봅시다. 보통 주가가 2배 이상 크게 가는 주식들은 단기간 강력한 테마를 끼고 있거나, 대박 아이템이나 신사업 등으로 인한 이익의 급증, 혹은 위에서 말한 강력한 성장 섹터에 속해 있는 종목들이 시장의 핑크빛 전망 아래 꿈을 먹고 움직일 때 발생합니다.

이때 내가 운이 좋게, 혹은 이 섹터에 인사이트가 있어서(지금은 모르지만), 10배 갈 종목을 잡았다고 가정해 봅시다.

투자자 스스로에게 질문을 먼저 던져 보는 것입니다.

10배짜리 종목이 나에게 오면, 나는 이 종목을 잘 보유할 수 있을까?

* 위지윅스튜디오 장기 차트

주가가 4,000원대에서 20,000원대까지 넘게 상승한 위지윅스튜디오란 종목입니다.

* 위지윅스튜디오 일봉 차트

일봉의 흐름을 보면 상승하는 과정 중에 장대 음봉도 등장하고, 추세적 하락 구간도 등장하고 긴 기간 조정 구간도 존재합니다. 변동성이 있는 구간의 하루 시세는 5%는 기본이고 장중 10% 이상 등락을 보이는 날도 부지기수입니다.

어떻습니까? 10배짜리 종목이 나에게 오면 이 기회를 놓치지 않을 수 있겠습니까? 기회도 잡을 수 있는 자에게 주어지는 것입니다.

여기서 우리는 교훈을 얻을 수 있습니다.

인내심에는 기다리는 인내심뿐만 아니라 잘 보유하고 있는 인내심도 필요합니다.

대박 종목을 바라기 전에 먼저 이런 마인드셋을 갖추도록 합시다.

- 주가가 상승하고 있을 때는 인내심을 보유하는 편이 좋다.
- 대개의 경우 주가가 크게 꺾이고 팔아도 늦지 않다.

- 분할 매도로 일부 수량은 끝까지 가져가라.

- 운은 좋고 볼 일이다.

💲 **투자 꿀팁**

✓ 텐베거 종목의 특징

- 텐베거 종목은 역배열에서 발생한다.

- 테마의 대장주 성격을 지닌다.

- 턴어라운드 종목에서 나오는 경우가 많다.

- 시세가 시작되면 새로 매수하려는 사람이 접근하기 어려운 강한 시세를 보여 준다.

✓ 피터 린치는 그의 자서전에서 텐베거 종목을 찾아보기에 가장 좋은 장소는 집 근처라고 지적하며, 우리가 성공 주식을 고르려고 애쓰지만, 성공 주식 또한 우리를 고르려고 애쓴다고 지적한다. 이 말은 사실이다. 텐베거 종목은 보통 투자자들이 전혀 알지 못하는 소외된 종목에서 나오지 않는다. 이미 알고 있거나 투자자들을 거쳐 갔지만 투자자들이 놓칠 뿐이다.

기술적 분석과
이중 바닥

바닥은 지나 봐야 아는 거지 그전까지는 알 수가 없습니다. 전체적인 하락 추세에 있는데 여기가 바닥이다, 혹은 이중 바닥이다 판단을 하는 것은 불가능하며 바닥권을 그리는 추세라고만 판단이 가능합니다.

왜냐하면 이중 바닥의 확정 시그널이 중간 사이고점 돌파이기 때문입니다. 즉, 기간이 지나고 주가가 오르고 나서야 바닥이 확정되는 것이고 그 전까지는 지난 주가의 저점들을 바닥이라고 칭할 수가 없는 것입니다.

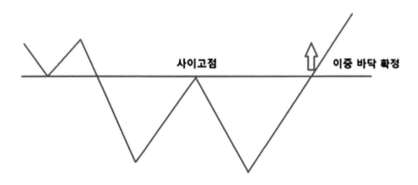

* 이중 바닥 차트

코스피 차트를 예로 들어서 설명해 보겠습니다.

이렇게 상단 돌파를 못 하면 기술적으로 바닥이 아닌 것입니다.

그러면 기술적 분석에 의거하면 매수 시점은 상단 돌파를 강력하게 할 때까지 기다려야 하는 것일까요?

코로나 구간을 떠올려 봅시다. 코로나 저점과 그 이후 구간을 보면

코로나 저점 때 많은 전문가들이 이중 바닥 패턴을 기다린다고 관망을 권했고, 그 이후 구간, 두 번째 표시한 구간, 상단을 돌파하는 부근에서는 심리적으로 사러 들어가기 쉽지 않습니다. 이 시점에서는 주가가 높아 보이기 때문입니다.

그렇다면 투자자 입장에선 어떻게 하는 것이 현명한 행동일까요?

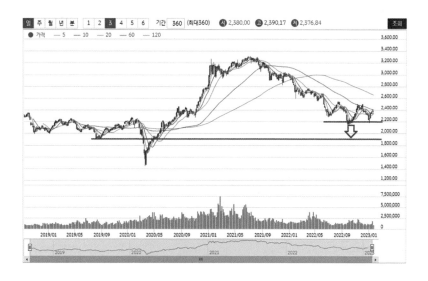

바닥에서 멀지 않다고 판단되는 구간에서는 이것저것 고민할 것 없이 바닥을 예측하지 말고 사러 들어가는 것이 현명한 행동이라고 볼 수 있습니다. 코로나 저점 구간을 테스트할 만큼 다시 증시가 폭락한다면 어차피 그건 예측할 수 없는 영역에서 또 다른 무언가가 터지는 것이며, 역사적으로

그런 폭락을 기다리며 매수하고 강세장에서 매도하는 그런 기법은 증명된 역사가 없습니다.

투자에는 어려운 많은 것이 필요하지 않습니다. 폭락장세에서는 매도는 절대 생각하지 말아야 할 첫 번째 옵션이며 오로지 투자자는 묵묵하게 매수하는 입장만 고려해야 합니다. 그리고 이런 구간은 모든 주식이 크게 할인되므로 평소에 싸게 사기 힘들었던 좋은 우량주나 성장주를 편입하기 아주 좋은 구간이기도 합니다.

결론은 우리는 지나고 나서야 결과론적으로 해석되는 기술적 분석에 크게 의존하기보다는 바닥이라고 판단되는 부분에서는 신념을 가지고 적극적으로 매수해야 된다는 결론에 도달하게 되는 것입니다.

트레이더에 대한
착각

'트레이더'라는 단어를 머릿속에 떠올려 봅시다. 어떤 모습들이 그려지시나요? 위대한 트레이더들은 어떠한 식으로 트레이드를 성공시킬까요?

필자가 보기에 특히 한국 시장에서는 성공적 트레이더의 전형에 대한 스테레오 타입이 있는 것 같습니다.

'빠르게 거래하고', '리스크를 감수하며', '자신만의 기술적 스킬들을 가지고 있으며' 등의 모습이 그려지지 않을까 생각해 봅니다.

그러나 실제로 성공적인 트레이더들은 아래와 같은 특징이 있습니다.

1. 기술적 분석에만 의존하는 트레이더는 단 한 명도 없다.

차트는 보조 지표로써 활용될 뿐입니다. 대부분의 성공적인 트레이더들의 핵심적인 성공 요인은 기술적 분석이 아닙니다.

2. 인내심은 매우 중요한 트레이딩 요소 중의 하나다.

위대한 트레이더들에게서는 공통적으로 '인내심'이라는 요소가 발견됩니다.

의외이지 않습니까? 가치 투자자들만 인내심이 필요한 게 아닌 것이죠.

필자는 성장주와 가치주를 이분법적으로 구분하거나 가치 투자자와 트레이딩을 이분법적으로 구별하는 게 의미가 없다고 생각합니다. 앞서 언급했듯이 훌륭한 자질은 혼재되어 나타나는 경향이 크다는 연구 결과가 있습니다. 즉, 성공적인 투자자는 가치 투자자의 대표적 자질로 여겨지는 인내심도 가지고 있을뿐더러, 기술적 분석에도 상당히 능한 경우가 많습니다.

3. 하방 리스크에 대단히 엄격하다.

이것이 핵심적인 요소입니다. 위대한 트레이더들은 공통적으로 리스크 관리에 대단히 엄격합니다. 그들은 강한 확신을 가지고 진입한 종목이라도 자신의 생각과 반대 방향으로 주가가 움직이면 그 즉시 청산하거나 비중을 줄이는 경향을 보입니다. 투자 스타일과 수익 내는 방식은 달라도 리스크 관리에는 대부분 비슷한 모습을 보입니다. 그들은 리스크 제한에 엄격합니다.

결론적으로 아무리 좋은 종목이라도 좋은 가격에 진입하지 못하면 리스크는 항상 존재하는 것입니다. 투자자가 항상 생각해야 할 부분은 가격과 가치 사이의 관계를 이해하고 리스크를 통제하는 것입니다.

필자도 투자하면서 늘 느끼는 것이고 경험하는 것이지만 손실을 키우지 않으면 절대로 계좌가 망가지지 않습니다.

💲 투자 꿀팁

✓ 성공적인 트레이더들의 매매 지침

– 좋은 기회라고 판단이 들면 작은 가격 차이에 연연하지 않는다.

– 시장가 주문을 이용한다.

– 확실한 자리가 아니면 매매를 시도하지 않는다.

– 경험으로 쌓인 직관을 신뢰하며 망설이지 않는다.

– 감정은 배제한다.

– 시장이 생각과 다른 방향으로 움직이면 그 즉시 청산한다.

차트는
심리다

저는 차트를 심리적인 부분으로 해석합니다. 주가는 결국 수급입니다.
즉, "사는 사람이 많으냐 파는 사람이 많으냐", "가격을 올려 가면서 사느냐? 내려 가면서 던지느냐?"에 따라 단기간 가격이 결정됩니다.

차트와 거래량에는 다양한 이익 집단이 거래를 함으로써 나타나는 투자심리가 담겨 있습니다. 이걸 읽어 내는 것이 중요합니다.

보통 하방으로 계단식으로 흐르는 종목들은 매수세가 없는 것입니다. 물량을 들고 있는 사람들은 언제나 있게 마련이지만 사고 싶은 사람이 별로 없다면 주가는 흐르게 되고, 들고 있는 사람들도 계단식으로 흘러내리는 주가에 하나둘씩 던지게 되는 것입니다.

그러나 이런 물량에는 한계가 있겠습니다. 주가가 흘러내리다 보면 어느 주가 정도 밑에서부터는 매수세가 점점 조금씩 들어오는 게 느껴질 테고 파는 사람들도 지쳐서 던지고 던지다 보면 결국에는 팔 생각이 거의 없는 투자자들의 물량만 남게 될 것입니다.

그러면 매도세 〉 매수세의 힘의 균형에서 조금씩 균형이 맞추어지다가 매수세 〉 매도세로 가서 차트가 서서히 추세 전환을 하게 되는 건데, 이러한 변곡점을 잘 찾아내는 게 차트를 읽어 내는 것이라 생각합니다.

이 변곡점은 단순히 캔들이나 차트, 거래량만으로 나타나는 패턴이 아니라 매크로, 기업 자체의 펀더 멘털, 밸류에이션, 모멘텀 등이 반영되어 있고 특히 이를 바라보는 투자자들의 심리적인 부분이 반영되므로 이런 심리적인 영향력을 간과하지 않는 것이 중요합니다.

결론적으로 차트를 본다는 것은 단순히 패턴을 읽어내는 기술적 분석이 아닌 기본적 분석이 바탕이 된 기술적 분석이어야 하고 그러한 것들이 어우러져 나타나는 이 차트라는 기술적 도구를 통해 시세가 시작될 만한 포인트나 변환점, 그리고 확률 매매 지점 등을 찾아내는 것이 포인트가 되는 것입니다.

🔍💲 투자 꿀팁

✓ 큰 수익을 내려면?

주가가 충분히 낮아져야 한다. 시장의 오해나 폭락이 있으면 더 좋다. 가장 큰 수익이 나는 형태는 추세의 변곡점에서 매매가 들어가는 것이다. 이때 확신을 가지고 베팅할 수 있으려면 기업의 기본적 분석을 바탕으로 한 안전 마진 확보는 필수다. 여기에 기술적 분석이 보태지는 것이다.

> 투자에서 가장 중요한 분야는
> 회계나 경제학이 아니라, 심리학이다.

> "가격과 가치의 관계를 이해하는 핵심은
> 대체로 다른 투자자들의 심리를 간파하는 데 있다.
> 투자자 심리는 단기적으로 증권 가격의 기본 가치와 관계없이
> 얼마든지 영향을 끼칠 수 있다.
>
> – 하워드 막스, 『투자에 대한 생각』 中

시세에 사고 가치에 판다

많은 투자자가 하는 실수입니다. 가치와 시세를 제대로 구분하지 못합니다. 필자는 가치 투자라는 말 자체가 군더더기라고 생각합니다. 투자라는 말 자체가 가치를 올려 파는 행위를 표현하기 때문입니다.

가치에 산다는 것은 필자가 보기에 시장의 비효율적인 부분을 발견하는 것에 가깝습니다. 즉, 좋다고 할 때 사는 것이 아니라 비관적으로 평가되고 사람들이 보지 못하는 가치가 있거나 부정적인 심리 등으로 가치가 절하될 때 매입을 하는 것입니다.

그러나 많은 투자자는 사실 가치가 절하되기를 기다렸다가 산다기보다는 좋다고 하는 종목을 좋은 때에 삽니다. 시장이 효율적이라는 점을 생각하면 이러한 긍정적인 미래 가치가 내 귀에 들려올 때 매입하는 것은 대개는 그 부분이 반영되어 있을 확률이 높습니다. 즉, 시세의 초입이냐 막바지냐의 문제지 대부분은 시세에 탑승하는 경우가 많습니다.

그러나 많은 사람은 가치에 샀다고 착각합니다. 가치를 본 게 맞다면 주가가 계속 하락하더라도 그 상황이 즐거워야 합니다. 그렇다면 가치에 산게 맞습니다. 그게 아니라면 시세를 사는 것이죠.

이렇게 시세를 산 경우에는 이 격언을 반드시 떠올려야 합니다.

"시세는 시세에 물어라."

즉, 시세에 탑승했으면 시세에 내릴 줄 알아야 합니다.

시장의 흐름과 기술적 분석을 놓치면 안 된다는 말이며 주가 하락을 방치하면 안 된다는 말입니다. 리스크 제한이 반드시 있어야 합니다.

💲 투자 꿀팁

투자 일지를 쓰면서 투자를 기록하고 복기하자. 종목을 매수할 때 트레이드(단기 시세 차익) 목적이라면 분명히 트레이드라고 못 박고 매매를 시작하고 청산 지점을 미리 정해 두는 것이 좋다.

청산 지점은 단기 이평선의 하향 돌파나 특정 가격대의 하향 돌파 등 간단하게 설정하거나 혹은 7% 미만의 손실에서 리스크 제한을 두는 식으로 하면 된다.

하락할 때
비중을 싣는 경우

　중요한 내용이라 앞서 언급했지만 다시 강조합니다. 주가가 하락 추세일 때는 섣불리 매수하는 것이 좋지 않습니다. 그러나 기업이 가진 내재 가치 이하로 과하게 내려오는 구간이라고 판단될 때는 매크로는 무시하고 본격적으로 매입할 준비를 해야 합니다.

　다만 어디까지 하락 추세가 이어질지 알 수 없으므로 평단 관리에 유의하며 매입해야 합니다. 즉, 본인이 판단한 안전 마진 라인 기준 밑으로 내려오는 구간부터는 오히려 주가 하락을 반기고 더 적극적으로 매입해야 합니다. 내려갈수록 매입의 비중을 늘립니다.

　매크로 환경은 악재가 가득하고 군중 심리는 최악이며 사람들이 버티다 투매하기 시작할 때는 기업의 가치만을 바라보고 비중을 실어야 합니다.

　비중을 크게 베팅하는 경우는 앞선 장에서 말씀드렸듯이 강력한 지수 조정에 의한 하락 + 안전 마진 확보 + 군중 심리 최악의 경우가 결합된 경우입니다.

연이은 하락으로 인한 마진콜로 신용 투매 물량이 대거 나오면서 지수가 3~4% 이상 과하게 밀릴 때는 보통 기회가 되는 경우가 많습니다.

이때는 뉴스에서 떠들어 대는 악재와 비관론자들의 주장은 소음으로 여기고 무시해야 합니다. 그들이 주장하는 것들은 대개는 이미 시장에 충분히 반영되어 있습니다. 대부분의 시간 시장은 매우 효율적입니다. 오히려 그들의 목소리가 앙드레 코스톨라니 옹이 말하는 '부화뇌동파'들의 투매를 이끌어 내기 때문에 시장의 비효율성을 만들어 냅니다. 어쩔 수 없이 물량을 던져야만 하는 자들로부터 매수하는 것은 주식 시장에서 가장 최고의 결과를 낳을 수 있습니다. 시장의 비효율성을 이해하고 이용하는 것이 투자의 진면모입니다. 중요한 것은 마인드셋입니다. 공포에 많이 살 수 있으려면 기업에 대한 확신과 두둑한 배짱이 필요합니다. 그러기 위해 평소에 투자자가 할 일은 심플합니다. 기업에 대해 최대한 많이 알고 있는 것입니다. 알고 있으면 흔들리지 않습니다.

소형주
투자 전략

필자는 소형주 투자를 선호합니다. 이 내용은 투자 스타일이 다르면 상충된 견해를 가질 수 있으므로 감안하고 읽어 주시길 바랍니다.

왜 소형주 투자를 선호하는지 몇 가지 이유를 살펴봅시다.

우선, 소형주 투자가 쉽습니다.

우리나라는 지주사를 정점으로 분할과 인수 합병을 통해 복잡한 지배 구조를 가지고 있는 대형주들이 매우 많습니다.

이런 경우, 모든 자회사들의 실적 추정을 제대로 하기가 매우 어렵습니다. 하나의 기업도 제대로 이해하고 대응하기가 쉽지 않은데 종속 기업들의 비즈니스 모델과 실적을 제대로 알고 대응하기가 사실상 힘듭니다. 너무 가성비가 떨어지는 일입니다.

반면에 소형주는 한두 개의 심플한 사업 모델을 가지고 있는 경우가 많습니다. 이 경우 주가의 트리거가 되는 요인들이 많지 않기 때문에 트래킹하기가 훨씬 쉽습니다.

잘 이해하고 있으면 투자에서 실패할 확률이 줄어듭니다.

둘째, 대형주는 유동성이 받쳐 줘야 갑니다.

대형주는 실적도 중요하지만 수급이 받쳐 줘야 합니다. 즉, 시장에 유동성이 공급되어야 하고 이는 매크로 환경과 상관관계가 높습니다. 매크로는 예측의 영역이 아닙니다. 다시 말해 전체적으로 시장이 상승 추세를 타고 있는 강세장에서는 대형주들이 성과가 좋지만 시장의 사이클을 예측하고 대응해야 하므로 쉽지 않습니다.

셋째, 대형주는 베타 값이 낮습니다.

즉, 아래위 변동성이 소형주보다 적다는 말입니다. 이 점은 하락장에서 장점으로 작용하기도 합니다. 쉽게 말해 폭락장에서 삼성전자를 들고 있으면 그나마 피해가 덜하다는 뜻입니다. 반면 상승 변동성도 제한됩니다. 시총이 작은 소형주가 100% 가는 것은 아주 쉽게 볼 수 있는 일이지만, 삼성전자의 주가가 2배 이상 가는 것은 기대하기 힘든 일입니다. 그리고 삼성전자가 2배 가면 밸류 체인의 소부장 종목들은 훨씬 더 큰 상승 폭을 가질 것입니다.

그래서 필자는 소형주를 선호합니다. 대형주가 반드시 우량주라는 관점을 버립시다. 소형주 중에도 저평가되어 있고 성장성이 좋은 우량주가 많이 있습니다. 이런 소형주들이 급락할 때 안전 마진이 확보되는 시점에서 변동성을 견디면서 충분히 매집해 놓으면 상승 구간에서 얻을 수 있는 수확의 결이 다릅니다.

위와 같은 이유들로 필자는 소형주 투자를 선호하지만, 단 하나의 이유만 꼽으라면 단연코 첫 번째 이유, 소형주 투자가 이해하기 쉽기 때문입니다.

반면 소형주 투자에도 유의할 점들이 있습니다.

필자는 우선 액면가 1,000원 미만의 동전주에는 투자하지 않습니다. 동전주는 일반적으로 훨씬 변동성이 크고 재무 상태가 좋지 않은 종목들이 많으며 투기성도 훨씬 짙습니다. 동전주는 기피합니다.

재무 상태가 좋지 않은 적자 기업은 당연히 1순위 제외 대상입니다. 쳐다보지도 않습니다. 좋은 기업이 많습니다. 이런 기업은 고려 대상에서 즉각 제외하십시오.

거래량이 죽어 있는 기업은 고려하지 않습니다. 보통 거래량이 죽어 있는 소외 종목들은 그럴 만한 이유가 다 있습니다. 차트 몇 군데 위꼬리가 있다거나 거래량이 있다고 해서 접근하지 않습니다. 최근 거래량이 활발하거나 순증하는 종목 중에서 크게 상승하지 않은 종목들만 매매 대상으로 고려합니다.

증권사 리포트가 하나도 없는 기업도 매매 대상으로 고려하지 않습니다. 이 역시 위와 마찬가지 이유입니다. 실적이 개선되는데도 불구하고 증권사 리포트 커버가 없는 종목은 그럴 만한 이유들이 있습니다. 그리고 이런 기업들은 기관의 관심 대상에서 제외되어 있으므로 기관 수급이 잘 들어오지 않습니다. 필자는 애널리스트가 커버리지를 새롭게 개시한 종목을 가장 선호합니다. 다만 이 사항은 예외가 있습니다. 사업보고서를 통해 충분히 기업의 많은 것을 알 수 있고 전망이 밝은 종목이라면 매매 대상으로 고려합니다. 그러나 필자의 경험상 실적이 좋아지는데 증권사의 커버가 없는 경우는 경영진에 문제가 있다거나 쉽게 공개되지 않는 문제들이 있는 경우가 많습니다.

테마가 끼어 있는 종목은 손대지 않습니다. 소형주들은 특정 테마가 끼어 있는 경우가 많습니다. 이런 종목은 손대지 않습니다. 오로지 기업의 가치와 실적에만 투자하기로 합니다. 어떤 기업이 몇 배를 갔고, 무슨 테마로 오늘 상한가를 갔고 이런 뉴스들은 다 소음으로 처리합니다.

마지막으로 말씀드리고 싶은 것은 소형주 투자 전략은 다른 투자 전략보다 높은 성과를 거둘 수 있지만, 매우 변동성이 크므로 심리적으로 이를 감내하기 어려운 투자자에게 소형주 투자는 쉽지 않은 투자 전략이 될 수 있다는 것입니다. 제임스 오쇼너시의 1965년~2009년의 장기간 소형주 성과 연구 결과를 보면 모든 소형주 전략의 MDD(최대 하락률)가 50%를 넘어갑니다.

따라서 필자는 제임스 오쇼너시의 소형주 투자성과 연구 결과에서 상위권 집단의 지표인 저PER, 저PBR, 자사주 매입 수익률, 모멘텀 효과(최근 가격 모멘텀이 좋은 주식) 등을 고려하여 소형주 종목 선정을 합니다. 쉽게 이야기하자면 소형주를 선정할 때도 마찬가지로 저밸류 지표들의 조합을 우선순위로 둔다는 뜻입니다.

밸류는 가장 기본입니다. 방어적으로 투자하십시오. 소형주 투자 전략에서도 이런 관점을 잘 유지한다면 하방 위험은 낮추고 기대 수익률을 높이는 손익비가 맞는 투자를 할 수 있습니다.

바이오 섹터
투자 전략

　필자는 바이오주 투자는 하지 않습니다. 바이오주 투자가 매우 어렵다는 것은 모두가 알고 있습니다. 불확실성 때문입니다. 다만 투자아이디어가 맞아떨어질 경우 굉장히 성과가 클 수 있기 때문에 포트폴리오에 추가하는 투자자들이 많습니다.

　2020년 코로나 이후 시장에서도 바이오, 제약주들에서 소위 말하는 텐베거 종목들이 나오면서 시장을 이끌었습니다.

　일단 필자는 불확실성에 투자하지 않기 때문에 바이오주 투자를 하지 않지만, 투자하는 방법에 대해서는 크게 두 가지 방식이 있다고 생각합니다.

　먼저 초기 선점하는 경우, 이 경우 회사를 믿고 주가 하락에도 꿋꿋이 추가 매수를 진행하며 적립식 투자를 하는 경우입니다. 이 경우 투자 아이디어가 맞아떨어진다면 큰 성과를 거둘 수 있습니다.

　그러나 바이오주들은 기본적으로 재무 상태가 좋지 않고 불확실성이 크기 때문에 증시 하락 구간에서는 취약합니다.

두 번째로 임상 성공, 신약 개발 등 굵직한 재료가 터졌을 때 그 즉시 올라가는 말에 탑승하는 것입니다. 이 경우가 더 현실적이고 대응하기 쉽다고 생각되는데, 중요한 것은 뉴스가 나왔을 때 재료의 크기를 빠르고 정확하게 판단해야 하므로 미리 기업에 대한 공부가 필요하다는 것입니다.

필자가 관심을 가질 때는 경영진이 주식을 저가에서 매수했다는 시그널이 포착될 때입니다. 경영진이 적극적으로 저가라고 판단되는 부근에서 주식을 매수하고 기업이 자본 잠식 상태가 아니며 최소한의 돈을 벌고 있고, 지배 구조가 깨끗하며 메자닌 등을 활용한 자금 조달을 과하게 하지 않는 기업의 임상이나 신약 등이 기대되는 구간에 있을 때 매수를 고려합니다.

기술적 분석을
무시하는 이유

　기술적 분석을 할 때 반드시 자각해야 될 부분은 기술적 분석은 유용한 매매 시점을 알려 주는 일종의 도구로 생각해야지 본질이라고 생각하면 안 된다는 것입니다. 기술적 도구와 지표들은 종류가 매우 많고 활용법도 다 다릅니다. 그래서 기술적 분석 도구들은 오히려 여러 지표를 많이 참조할수록 기업의 본질적인 부분에서 점점 멀어지게 만들 확률이 높습니다. 같은 지점에서도 어떤 지표는 매수 시그널을, 어떤 지표는 매도 시그널을 보냅니다. 따라서 이런 지표들은 의사 결정에 참조하는 것이지 이 기술적 시그널에만 오로지 의존해서 매매 결정을 내리면 안 됩니다.

　자신에게 잘 맞는 한두 가지 지표만 참조하는 것이 좋습니다.
　필자는 기술적 분석에서는 이평선과 거래량, 이 두 가지만 확인합니다.
　이루다라는 종목을 예로 살펴봅시다.

* 이루다 차트

　필자가 주로 보는 선은 240일 선입니다. 다른 이평선에 비해 굵게 설정
해 놓았습니다. 다른 이평선도 보기는 하지만 참조용입니다. 주가가 240
일 선을 돌파하고 있습니다. 거래량도 순증하고 있습니다. 이 사실이면 충
분합니다. 이제는 이 기업의 펀더 멘탈이 확인되면 이 기업은 매수 대상으
로 고려할 수 있습니다.

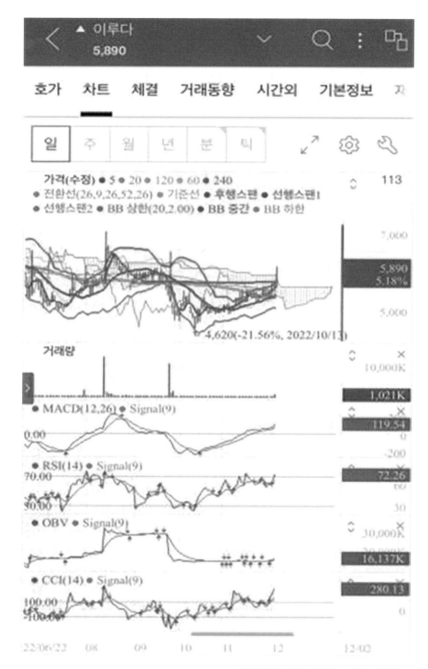

* 여러 가지 보조 지표를 설정한 화면

반면에 복잡하게 설정했을 경우를 살펴봅시다. 볼린져 밴드, 일목균형선, MACD, RSI, OBV, CCI 등을 넣었습니다. 하나하나 지표로만 잘 활용하면 다 좋은 분석 도구들입니다. 그러나 보기만 해도 머리가 지끈해 오는 느낌입니다.

문제는 위에서 말했듯이 이렇게 기술적 분석에 과하게 몰입하면 기업의 본질에서 자꾸 멀어진다는 것입니다. 보통 남을 현혹하는 사람들이 이렇게 과하게 기술적 도구들을 활용하며 추세선, 지지선, 저항선 여기저기 그어놓고 그럴듯한 설명을 해 가며 주가를 예측합니다. 지표는 많아도 한두 개면 충분합니다. 필자도 처음 주식 시장에 진입했을 때는 차트로 대표되는 기술적 분석에 시장의 정답이 있다고 생각했기에 이 분야를 엄청 공부했습니다. 필자는 투자서를 많이 섭렵하는 편입니다. 나오는 투자 신간 중 평이 괜찮거나 목차를 보고 흥미가 당기는 책은 대부분 사서 읽어 보는 편입니다. 독서를 좋아하고 책 욕심이 많은 편입니다.

기술적 분석에 관한 책은 고전이라 불리는 책부터 신간까지 소외된 책이 아니면 두루 섭렵하려고 노력하고 있고, 지금도 늘 인터넷 서점을 주기적으로 방문하며 흥미가 당기는 신간이 출간되면 즉시 사서 읽습니다. 기술적 분석에 관한 책은 보통 읽는 데 30분이 안 걸립니다. 뻔한 내용이기 때문입니다. 새로운 것이 없습니다. 필자가 다 알아서 그런 게 아니라 본질이 심플하다는 것을 깨달았기 때문입니다.

본질은 매도세와 매수세의 힘의 균형을 읽는 것입니다. 그리고 거래량을 신뢰하십시오. 기술적 분석은 이게 다입니다.

필자는 차트를 대할 때 우라가미 구니오가 한 이 말을 참 좋아합니다.

> ## *기껏해야 차트, 그래도 차트.*

필자는 차트를 무시하지만 차트를 매우 좋아합니다. 부디 독자분들도 이 관점을 이해하신다면 더할 나위 없이 좋겠습니다.

 투자 꿀팁

✓ 차트 분석에 앞서서 투자자들이 반드시 알아야 할 것

– 성공률은 50%만 되어도 된다. 중요한 것은 '리스크 관리'를 주의 깊게 하고 '손익비'를 실현할 수 있다면 그 결과로 수익이 나는 구조를 만들 수 있고 이것이 '지속'된다면 차트 분석은 가치가 있는 것이다.

– 기술적 분석은 기본적 분석을 바탕으로 행해져야 한다. 기본적 분석을 바탕으로 이 기업의 적절한 '투자 시점'에 대한 도움을 주는 수단으로써 기술적 분석은 가치를 다할 수 있다.

– 기술적 분석에서는 큰 그림이 우선이다. 즉, 월봉이나 주봉이 일봉보다 중요하다. 주봉에서 상승 시그널이 명확하다면 일봉이나 하루 시세는 무시하는 것이 좋다.

– 기술적 분석에서도 인내심을 발휘하는 것이 좋다. 차트에는 매우 많은 유형의 '함정'과 '오신호'들이 있기 때문이다. 물론, 여기에는 기회를 놓칠 우려가 있지만 잦은 매매로 리스크를 키우는 것보다 소수의 확실한 기회를 잡는 것이 낫다.

공포에 팔면
안 되는 이유

코스피 지수입니다.

일봉을 이렇게 차트로 좁혀 놓고 보시면 정말 수많은 증시의 조정 구간들이 관찰됩니다.

그런데 이렇게 큰 그림으로 놓고 보면 코로나 때 말고는 정말 폭락이라고 말할 만한 골짜기는 없습니다. 물론 지수 조정 폭이 다르고 지수가

10% 정도 밀리면 실제로 계좌는 더 밀리게 됩니다.

조정 구간을 맞으면서 투자자들이 겪는 심리의 과정을 생각해 보면 조정 구간의 초입 부분을 겪고 있는 순간에는 조정인지도 모르고 그냥 하루 이틀 단기간 밀리는 상황이라 생각할 확률이 높습니다.

그 이후로 조금 더 밀리면 조정장의 시작인가? 고민을 하는 지점에 이르게 되고 그 이후로 계속 증시가 밀리면 조정장을 내가 겪고 있구나 하는 단계에 접어들고, 여기서 더 증시가 재차 밀리면 이제 공포감이 서서히 스며들며 심리적으로 매도를 고민하는 구간에 접어들게 됩니다. 따라서 '증시 조정이 시작되었구나.'라고 느끼는 시점에서는 이미 포트폴리오를 정비하기에는 조금 손해를 보고 팔 가능성이 높기에 판단과 대응이 어렵습니다. 그리고 그 이후에 재차 밀리면 이제 대응의 단계를 넘어서게 되는 것입니다. 대략 과정으로 보자면 이렇습니다.

단기 하락(조정장 인식 없음) → 조정장 인식 → 공포 시작 → 투매

사실 며칠 안짝의 단기 하락에 일일이 포트폴리오 차원에서 대응을 할 수는 없으므로 실제로 증시 전체가 15%~20% 이상 밀리는 조정장이 올 때 대응을 하는 구간은 조정장이 시작된다는 인식이 들기 시작하는 구간에 빠르게 대응하는 것이 손실을 줄여줄 수 있습니다. 그러나 가장 좋은 방법은 증시가 조정받는다고 느껴지는 순간에 포트폴리오를 점검했을 때 딱히 대응을 할 필요가 없다고 느껴지는 포트폴리오를 미리 만들어 놓는 것입니다.

그러기 위해서는 앞선 장에서 언급했듯이,

- **최선의 종목만을 들고 있어야 하고,**
- **수익 나는 포지션을 잘 유지하고 있어야 하고,**
- **하락이 두렵지 않은 종목만을 보유해야 하고,**
- **예수금 비중에 문제가 없어야 하고,**
- **증시가 더 폭락해도 대응 방안이 있어야 하고,**
- **불필요한 종목이 없어야 하는 것입니다.**

조정장을 겪는다는 인식을 넘어선 증시 하락이 연이어져 심리적으로 공포가 시작되는 순간에는 이미 매도 옵션은 고려해야 할 대상이 아니지만, 사실 심리적으로는 증시 하락에 압도당하므로 오히려 지금이라도 매도해야 되지 않을까? 하는 마인드셋에 이르게 됩니다. 이럴 때는 한국의 대표 가치 투자자인 박영옥 님이 한 말처럼 시장에 '딱' 붙어 있어야 됩니다. 오로지 매수만을 고려해야 합니다. 그래야 증시가 반전하는 순간 그 몫을 온전히 누릴 수 있습니다.

우리가 진정으로 매도를 고민해야 되는 상황은 따로 있습니다. 20년의 코로나 창궐 같은 돌발 대형 악재의 발생, 혹은 전체적으로 증시가 사이클의 고점에 있다고 판단되는 경우입니다. 이런 경우가 아니라면 저는 늘 언제나 시장을 떠나지 않습니다. 사실, 코로나 같은 경우도 예측할 수 없기 때문에 대응을 하는 시점에서는 이미 늦은 것입니다. 결국, 전체적인 포트폴리오의 수준을 시장 사이클에 맞춰서 어느 정도 조정하면서 가는 것이지 시장에서 떠나지는 않습니다. 시장을 떠난다는 것은 곧 기회를 상실한다는 것을 의미합니다. 마켓 타이밍을 맞추려고 노력하지 않습니다.

다만 한 가지 확실한 것은 심리적으로 공포에 접어드는 구간이 오면 대부분의 경우, 이때는 기회인 경우가 많습니다. 이때 기준은 오로지 기업 자체의 펀더멘털입니다.

저는 이렇게 생각합니다. 2022년 한 해, 증시 하락의 키워드는 인플레이션이었습니다. 23년의 키워드는 경기 침체입니다. 대부분의 기업이 인플레이션 영향을 받고 대부분의 기업이 경기 침체의 영향을 받습니다.
그러나 그렇지 않은 기업도 분명히 있습니다.

인플레이션의 혜택을 받는 기업도 있고, 경기 침체의 영향을 거의 받지 않는 기업도 매우 많습니다. 기회는 언제든 있습니다. 불황 속에서의 호황은 더욱 빛나는 법입니다.

또한 가격은 무한정 내려가지 않습니다.
따라서 인내심을 가지고 충분히 좋은 가격이 오기까지 기다리는 사람에게는 오히려 증시 하락은 즐거운 일이 될 수 있습니다.

심리적인 부분은 대개는 투자자가 극복해야 할 요소들입니다. 공포에 사고 탐욕에 팔아야 합니다. 따라서 증시의 연이은 하락이 심리적인 부분을 압박할 때는 오히려 더 느긋하게 대응하고 자신감을 가지면 됩니다.

돈은 머리가 아니라
엉덩이로 번다

　주식 투자에서 확실하고 큰 성과를 거두기 위해서 투자자가 명심해야 할 하나의 법칙이 있다면 이것입니다. 이것을 깨닫지 못하면 시장에서 큰 성과를 거두기 어렵습니다.

　실제 필자가 주식 투자를 하면서 이런 사례를 많이 접해 왔고 또 스스로 경험해 왔습니다. 시세에 집중하고 있으면 조금만 평소보다 큰 등락이 나와도 순간적으로 원래 목표로 잡았던 큰 청사진은 버리고 매매로 빨리 대응해야 할 것 같은 심리적 상태에 접어들게 됩니다.

　주식 투자는 다 결과론이지만 보통은 이렇게 대응한 경우 지나고 보면 오히려 가만히 있는 것만 못한 경우가 훨씬 많았습니다.

　주변을 둘러봐도 그렇습니다. 요즘은 개인 투자자들도 애널리스트 못지않은 분석력을 뽐내며 종목에 대하여 심층적인 분석을 합니다. 이 경우에도 가만히 관찰해 보면 이 종목들이 마침내 시세를 분출하면서 투자 아이디어가 맞아 들어갔을 경우 그렇게 들인 노력에 비해 생각보다 저조한 성과를 거두는 경우가 많은 것을 관찰할 수 있었습니다. 수익 나는 종목을 가만히 들고 있지를 못해서 그런 경우가 많았습니다. 오히려 이런 때에는 저만치 시세에서 멀어져서 매일의 등락을 보지 않고 일상에 집중하는 사람이 큰 수익을 거둬들일 가능성이 더 높습니다.

필자의 경우에도 그렇습니다. 보통 필자는 확신이 있는 종목은 아내 계좌를 통해 어느 정도 물량을 매수합니다. 아내는 한번 사 놓으면 시세를 보지 않기 때문에 수익이 나는 경우에도 그대로 물량을 쥐고 계속 가져갈 수 있게 됩니다. 즉, 얕은 수익에 팔지 않습니다.

반대로 필자는 시장에 매일매일 참여하고 있기 때문에 항상 생각은 큰 기준을 잡고 가도, 막상 시세를 관찰하게 되면 순간적으로 흔들리는 구간들이 존재합니다. 또, 보통은 올라가면서 분할 매도하는 것을 선호하기도 합니다. 지나고 보면 적어도 '수익 나는 종목'에 관해서는 손을 안 대고 그냥 가만히 포지션을 유지했던 아내의 성과가 좋을 때가 더 많았습니다.

단기 시세는 최대한 멀어지고 엉덩이를 무겁게 가져가도록 합시다. 그것만이 유일하게 큰 성과를 내는 비결입니다.
제시 리버모어가 한 이 말을 마음에 담아 두시면 좋겠습니다.

> *It never was my thinking that made the big money for me.*
> *It always was my sitting. Got that?*
> *It is no trick at all to be right on the market.*

마지막 문장을 다시 봅시다.

시장에 대해 옳은 판단을 하는 것은 아무 일도 아니라는 뜻입니다. 이 말을 기억해야 합니다. 여러분이 투자에 대해서 현명한 판단과 통찰력으로 종목 피킹을 하고 적절한 매수 시점에 매수를 하는 것은 대단한 일이 아닙니다. 돈은 엉덩이로 버는 것이지요!

리딩방이
실패하는 이유

리딩방이 구조적으로 어떻게 만들어지고 운용되는지에 대해서는 언급하지 않겠습니다. 다만 이러한 리딩방이 '왜 필연적으로 실패할 수밖에 없는가?'에 대해 짧게 이야기해 보고자 합니다.

리딩방은 '빨리 돈을 벌고자 하는 탐욕'이 주 동인이 됩니다. 가입하게 되면 주로 어떤 종목을 얼마에 매수해서 얼마에 매도해라. 이런 식입니다.

리딩방을 운용하는 사람의 입장에서는 어떨까요? 제가 리딩방에 돈을 주고 가입할 사람을 모아야 한다고 가정해 보겠습니다. 그런데 제가 가치투자자입니다. 확신하는 종목이 하나 있습니다. 이 종목에 2~3년간 투자할 수 있으면 2~3배 이상의 수익률을 거두리라 기대하고 있습니다. 단기 시세는 당연히 알지도 못하고 무시합니다.

리딩방에 수십만 원의 가입비를 지불하고 가입한 사람들에게 이야기합니다. 이 종목을 매수하고 묻어 둬라. 그리고 2년 뒤에 계좌를 열어 보자.

시세가 떨어집니다. 그럼 회원들이 물어보겠지요. 왜 떨어지나요? 어떻게 대응해야 하나요? 하고.

그러면 대답합니다. 단기 시세는 저도 잘 모르겠습니다. 그냥 시장 조정이라 같이 떨어지는 것 같습니다.

이런 리딩방이라면 제가 과연 돈을 받을 수 있을까요? 그것도 정기적으로 지급되는 회비로 말이죠. 물론 2~3년 안에는 좋은 성과를 거두리라는 것을 확신하는데도 말이죠. 2년 안에 2배가 오르면 엄청난 성과인데도 불구하고 제가 만약 일회성으로 이 투자 아이디어를 제공하는 대가로 정기적으로 돈을 받는다거나 거액의 수수료를 필요로 한다면 사람들이 돈을 투자할까요?

사람들은 오늘 산 종목이 내일 올라 주기를 바랍니다.
내가 수십만 원의 돈을 지불하면 그만한 대가를 제공받아야 하는 것입니다. 그러면 운영자 입장에서는 어떻게 해야 할까요?

우선 나는 전문가라는 것을 확실히 보여 줘야 합니다. 시황이나 수급 같은 것을 언급하겠지요. 그리고 매일 종목이 제공되어야 하겠죠. 매일 종목이 제공되려면 어떻겠습니까? 종목 풀이 매우 넓어야겠지요?
또한, 이 종목들이 어떠한 상태여야 할까요? 거래량이 죽어 있는 종목을 제공하면 당연히 안 되겠습니다. 활발한 움직임을 보여 주는 종목들이어야겠지요.

이렇게 되면 운영자 입장에서는 테마 종목들이나 거래량이 활발한 소형주들 위주로 다수의 종목을 언급할 수밖에 없습니다. 대박이 날 수도 있지만 소위 말해 '잡주'라 불리는 종목들도 가장 많이 속하는 군이죠.

이런 종목들을 매일 발굴해 언급한다고 생각해 보십시오. 당연히 수익

낼 종목은 무한정 있습니다. 변동성이 있는 종목만 건드리기에 이때 사서 이때 팔았으면 이만큼이나 수익이네 하고 포장하기도 매우 쉽습니다.

수익은 과대 포장하고 손실은 손절 못 한 투자자 책임이 됩니다. 혹은 더 기다려야 하는데 기다리지 못하는 투자자 책임이 되기도 하지요.

리딩방에서는 수익이 나면 "얕은 수익에서 확정 지어라!"를 늘 강조하고, 손실 나는 종목은 "적당히 손절하거나 손절 못 하면 기다려!"라고 말합니다. 운이 좋으면 적당히 투자한 금액으로 십몇 프로 수익을 거둘 수 있을지 모릅니다. 더 운이 좋은 날은 상한가를 경험할지도 모릅니다. 그러나 이러한 종목들에 손을 대기 시작하는 순간 전체 포트폴리오는 크게 좋아지기 어렵습니다. 돈을 잃는 구조입니다.

앞 장에서 투자는 손익비를 늘 생각해야 한다고 말씀드렸습니다.

단언컨대 이들은 사기꾼입니다.

이들은 얕은 수익을 취합니다.

이들은 늘 투자할 종목이 있습니다.

이들은 기술을 가진 것처럼 보입니다.

찰리 멍거의 다음 인터뷰를 기억하시기 바랍니다.

> 요즘 트레이딩으로 돈 버는 방법을 가르쳐 주겠다는 사람이 많습니다. 나는 이들의 행위가 젊은이들에게 마약을 권하는 행위에 해당한다고 생각합니다. 정말 멍청한 짓입니다. 이미 부자라면 사람들에게 트레이딩을 가르쳐 주면서 돈을 벌려고 할까요? TV에 출연해서 이렇게 말하는 사람들도 있습니다. "연 300% 수익 올리는 방법이 이 책에 들어 있습니다. 주문하면 곧바로 보내드립니다!" (웃음소리) 실제로 연 300% 수익 비법을 발견

했다면, 왜 책을 팔려고 할까요? (웃음소리) 말도 안 되는 일이지요. 얄팍한 상술입니다.

기관 투자자들은
왜 성과가 저조할까?

펀드명	순자산	1주	3개월	1년	수익 등급
◆ 국내주식(일반)					
메리츠코리아스몰캡(주식)C-A	1,002	1.55	-1.06	-19.84	4
삼성중소형FOCUS[자]1(주식)(A)	1,335	1.32	-4.35	-21.07	3
KB주주가치포커스(주식)A	1,110	1.01	-7.32	-26.28	5
NH-Amundi성장중소형주(주식)A1	855	0.99	-7.66	-18.44	2
메리츠코리아1(주식)C-A	2,669	0.95	-0.37	-19.38	4
신영마라톤중소형주[자](주식)A형	1,100	0.94	-1.34	-6.42	1
신영고배당소득공제[자](주식)C형	622	0.70	-0.24	-14.74	3
신영마라톤A1(주식)	1,466	0.68	-1.16	-10.44	1
한국밸류10년투자배당[자]1(주식)C-A	1,260	0.68	-2.51	-14.09	2
신영밸류고배당[자](주식)C형	11,078	0.58	0.05	-9.79	1
다올KTBVIP스타셀렉션[자](주식)C-A	2,189	0.58	-10.15	-28.69	5
미래에셋고배당포커스[자]1(주식)C-C1	1,348	0.54	0.47	-17.57	4
한국밸류10년투자1(주식)(C)	2,020	0.52	-3.58	-9.18	2
KB중소형주포커스[자](주식)A	834	0.51	-9.97	-32.55	5
베어링고배당플러스(주식)F	2,791	0.49	1.22	-8.46	1
한국투자골드플랜연금전환형1(주식)D	2,532	0.49	0.06	-15.44	1
베어링고배당증권투자회사(주식)A	1,655	0.47	0.75	-9.54	1
베어링고배당[자](주식)A	2,659	0.46	0.87	-9.09	1
KB밸류포커스[자](주식)A	1,302	0.24	-9.22	-30.33	5
KB연금가치주전환형[자]1(주식)C	1,570	0.23	-9.32	-30.51	5

* 2023년 1월 중 펀드 수익률

일반 투자자와 기관 투자자들을 비교하면 어떠한 차이점이 발견될까요?
이 점 하나는 확실합니다. 그들의 평균 지능 수준이 일반 투자자 집단보다는 훨씬 높다는 것일 것입니다. 스마트하고, 정보에서도 더 좋은 접근성을 가지고, 심지어 투자가 직업인 사람들이 왜 지수보다도 못한 성적을 낼까요?

우선 그들이 어떠한 성적을 내고 있는지 궁금하시다면 조간신문을 펼쳐서 증권 면을 보시기 바랍니다. 그리고 주요 펀드들의 1년 수익률을 시장 수익률과 한번 비교해 보시기 바랍니다.

왜 이런 일이 발생할까요? 여러 이유가 있겠지만, 우선 그들은 단기 성과 압박에 시달립니다. 그러니 연말만 되면 윈도 드레싱 같은 행위를 하면서 수익률이 좋아 보이려는 꼼수를 쓰기도 합니다.

또한 그들은 자금의 규모가 매우 큽니다. 소형주는 쉽게 매수할 수조차 없으며 거래를 종료하기 위해서 일정 시간이 소요되는 경우가 많고 흔적도 남습니다.

그리고 시장 리스크에 빠르게 대응할 수 없습니다.

반면, 개인 투자자는 기관 투자자들에 비해 단기 성과 압박에 시달릴 일도 없고, 큰 자금 규모로 인해 물량을 떠넘길 누군가를 찾을 필요도 없으며, 리스크에 즉각적으로 대응할 수 없는 것도 아닙니다. 훨씬 유리한 조건을 가지고 있습니다.

이것을 다른 말로 하면, **개인 투자자는 장기적으로 생각하는 편이 유리하고, 거래를 많이 할 필요가 없으며, 리스크에는 빠르게 대응하는 편이 유리하다는 이야기가 됩니다.**

개인 투자자의 장점을 장점으로 활용하십시오.

💲 투자 꿀팁

✓ 외인, 기관의 매매 행태

– 주가의 추세에 외국인 자금의 영향은 제한적이다.

– 외인 매매는 기업의 단기 이익보다는 금리나 환율 중심으로 투자가 이루어진다고 보면 된다.

– 외인은 자금의 규모가 크므로 소형주에 접근하지 않는다. 중, 소형주에 나타나는 외인의 매수는 대개 외인 창구로 매매되는 자금일 뿐이다. 큰 의미가 없다고 볼 수 있다.

– 국내 기관 자금 중에는 투신과 연기금이 시세를 주도하는 경향이 있으므로 이 두 자금은 관심을 가질 필요가 있다.

드디어 이 책의 마지막 챕터에 접어들었습니다. 마지막 챕터에서는 지금까지 필자가 말한 내용을 종합해서 본인의 투자 철학에 좋은 내용을 보태시고 투자의 조그만 실수들을 제거해 나갈 수 있도록 앞 챕터의 내용들을 요약하여 담았습니다.

WISE

INVESTMENT

PHILOSOPHY

제 9 장

투자 철학의
완성

드디어 이 책의 마지막 챕터에 접어들었습니다. 마지막 챕터에서는 지금까지 필자가 말한 내용을 종합해서 본인의 투자 철학에 좋은 내용을 보태시고 투자의 조그만 실수들을 제거해 나갈 수 있도록 앞 챕터의 내용들을 요약하여 담았습니다.

투자 실수를
제거하라

» 매일 거래하지 말라

매일 거래하는 데는 단점이 무척 많습니다. 투자자가 반드시 생각해야 할 부분 중 하나는 매일 매매를 할 필요가 전혀 없다는 것입니다. 그러나 오히려 투자를 적극적으로 진지하게 여기는 사람일수록 투자 정보에 노출도 많이 되고 매일 시세를 들여다보기 때문에 매매에 참여할 가능성이 높아지게 됩니다.

데이 트레이더가 아니라면 매일 매매를 할 필요가 전혀 없다는 사실을 기억하십시오.

좋은 기회는 그렇게 자주 오지 않습니다. 시장은 추세적으로 움직입니다. 즉, 어느 정도 방향성을 가지고 크게 크게 움직인다는 말입니다. 그러나 매일매일의 단기 시세는 그날 매크로 환경과 수급에 의해 결정됩니다. 하루만 놓고 시세를 판단하는 것은 홀짝 게임과 다를 바 없는 것이죠.

거래를 자주 하게 되면 많은 거래에 따른 수수료 문제 및 슬리피지 비용[2]

---

2) 슬리피지(Slippage) 비용: 예를 들어 내가 어떤 종목을 10,000원에 사고자 하는데 거래가 없어서 살 수 없으면 어쩔 수 없이 10,100원에 사게 되는 데서 드는 비용을 말한다.

뿐만 아니라 포트폴리오의 일관성을 해칠 확률도 높여 줍니다. 소위 말하는 다이소 같은 계좌가 되는 것이죠.

이렇게 하다가 전체 시장이 조정장에 들어서게 되면 그동안 사고팔았던 종목들이 부지불식간에 손실로 전환하게 되고 그때부터는 이제 내가 트레이딩으로 포트폴리오에 담았던 종목들에 물려서 전체적으로 계좌가 끌려가게 되는 상황이 만들어집니다.

항상 큰 청사진을 그리고 작은 욕심으로 이를 얼룩지게 하지 마십시오. 단기적으로 트레이딩이 욕심날 때는 가벼운 마음으로 안 되면 바로 청산한다는 마음으로 뛰어드는 것이 좋습니다.

매매는 매일 하는 것이 아니라 평소에는 그냥 시장을 지켜보며 종목의 흐름을 관찰하고 기다림을 투자의 업으로 삼는 것이 좋습니다.

» 하락주를 팔지 못한다

초보 투자자들에게서 흔하게 발견되는 특징 중 하나입니다. 손실 중인 종목을 팔지를 못합니다. 일정 수준 이상의 손실을 넘어서면 방치하기 시작합니다. 종목을 살펴보지도 않습니다. 그냥 세월이 지나가면 '우량주'니까 올라오겠지 하는 생각으로 말 그대로 방치합니다. 이는 반드시 고쳐야 할 습관 중 하나입니다.

손실은 키우지 않으면 전체 계좌에 끼치는 영향이 미미합니다.
일단 손실을 키우지 마십시오. 이미 늦었습니까? 늦은 때는 없습니다. 우리가 어제 이 종목을 매수했다고 가정해 보겠습니다. -2%~-3%만 빠져도 잘못 매수한 건가 싶고 매우 기분이 좋지 않을 것입니다. 그러나 -40% 이상 된 종목이 3%가 더 빠지는 건 어떨까요? 아마 빠진 줄도 모를 가능성이 높을 것 같습니다. 같은 손실인데도 불구하고 말입니다. 우리의 뇌가 심리적으로 오류를 범하는 것입니다. 새로 매수한 종목은 나의 가치 판단이 평가받는 것처럼 느끼기 때문에 굉장히 관심을 가지고 지켜보지만 일정 수준의 하락이 넘어서면 이미 그런 영역을 넘어섰기에 관심 밖으로 멀어지게 마련입니다. 하락하는 주에는 대응하십시오. 손실이 큰 종목을 관리하십시오.

» 투기에서 투자로

예를 들어 내가 이 종목에 대해 그렇게 잘 아는 것이 아니지만 수급도 좋고 시장에서는 추천하는 종목에다 기술적으로도 좋아 보여서 매수했다고 가정해 봅시다. 종목에 대해 확신을 가지고 잘 아는 것이 아니면 트레이딩 관점으로 매매하는 것이 좋습니다.

그런데 이런 트레이딩의 생명은 바로 '리스크 관리'입니다. 즉, 수익이 나는 포지션에는 종목을 좀 더 들여다보고 비중을 늘리거나 장기 투자로 포지션을 바꾸는 등 여러 결정이 가능하지만 손실이 나면 기민하게 대응해야 하는 것이죠.

이런 트레이딩 관점에서는 '시세는 시세에 물어라'는 격언을 항상 기억하십시오.

즉, 내가 시세에 올라탄 것이면 시세가 꺼지면 바로 내려야 합니다.

명심하십시오. 이런 트레이드에서는 긴가민가하면 바로 하차하는 것이 좋습니다.

그러나 경험이 없는 투자자들은 이런 시그널들을 무시하고, 때를 놓치면 그냥 그대로 쉬운 물타기를 결정하거나 혹은 방치하기 시작합니다. 그리고 종목의 장기 방향성을 바라보며 가치 투자라는 말로 스스로 합리화합니다. 이런 일관성 없는 투자 철학으로 투자하는데 투자가 잘될 리가 없습니다. 투기의 관점이냐 투자의 관점인가를 명확히 하십시오.

» 손실을 제한하라

리스크를 관리할 때 손절에 대한 기준도 필요합니다. 앞에서 언급한 대로 트레이드에 대한 기준으로는 7% 정도를 추천하는 바입니다. 물론 이제 삼성전자 같은 대형주의 7%와 소형주의 7%는 느낌이 다릅니다. 그러나 기준점을 7% 정도로 잡고 대응하는 것을 권합니다.

쉽게 이야기해서 내가 어떤 종목을 매수하든 손실 수준이 –7% 이상을 넘어가기 시작하면 손절로 대응하는 것을 권합니다. 투기의 관점에서 그렇다는 것입니다. 그렇지 않으면 최소한 비중이라도 줄이는 것을 권합니다.

위에서도 언급했지만 손실은 키우지 않으면 계좌를 좌지우지하지 못합니다. 손실을 키우니까 크게 피해를 입는 것입니다.

필자는 아주 강한 확신을 가진 종목이라도 일정 수준 이상 하락하기 시작하면 비중을 줄이는 경우가 많습니다. 강한 확신을 가진 종목이라도 그렇게 해야 할까요? 그렇습니다. 왜냐하면 하락이 시작되면 그 하락이 언제까지 지속될지 얼마나 깊어질지 속단하면 안 되기 때문입니다.

일단 하락이 시작되면 물타기는 고려해야 할 옵션이 아닙니다. 하락 추세일 때는 일단 하락 추세가 멈출 때까지 그냥 지켜보십시오. 최소한 4 거래일 수준 이상의 횡보하는 흐름이 나오거나 바닥에서 유의미한 기술적 반등의 시그널이 나올 때까지 기다려야 합니다. 혹은 지나친 하락으로 내가 판단한 종목의 내재 가치보다 과하게 하락한다거나 투매 현상으로 급격하게 시장이 무너지는 구간에서는 용기 내어 볼 만하지만 웬만해서는 그냥 지켜보는 것이 좋습니다.

또한 종목이 주요 지지선을 깨고 내려가거나 시장이 매우 안 좋은 상황의 초입이라고 판단되면 종목의 비중을 줄여 나가는 것이 좋습니다. 예를 들어서 내가 어떤 종목을 매수했는데 결과론적으로 이 종목이 −50%나 하락하는 종목이었다고 가정해 보겠습니다. 물론 매수 시점에서는 이 종목이 −50%까지 하락할 것이라고 전혀 생각하지 못합니다. 원래 지나고 보면 다 쉬워 보이는 것입니다. 테슬라가 400$ 위의 주가 위치일 때 주가가 곧 100$ 간다고 주장하는 사람이 있다면 그 당시에는 그 말을 믿을 수 있었을까요? 아마 터무니없는 주장을 하는 모함꾼 정도로 취급받았을 것 같습니다.

만약에 필자가 이런 종목을 가지게 되었다고 가정해 보겠습니다. 테슬라를 400$에 샀다고 가정해 보는 것이죠. 필자라면 계단식으로 하락할 때마다 비중을 줄였을 것 같습니다. 그래서 결과론적으로 −70%~−80%가 된 종목이라도 이보다 훨씬 낮은 수준에서 손실을 막아냈을 것이라고 생각합니다. 필자가 실제로 그렇게 투자한 종목도 한번 예시로 매매 흔적을 복기해 보겠습니다. 애니플러스라는 종목으로 필자가 상대적으로 잘 알고 확신하고 있는 기업입니다.

애니플러스

4,420　　▲ 30　　0.68%　　거래량　　776,491

일　주　월　년　분　틱　　멀티

가격(수정) ● 5 ● 20 ● 60 ● 120 ● 200 ● 240
7,020(58.82%, 2021/11/25)

390
7,000
6,000

4,420
0.68%

3,000

2,210(-50.00%, 2022/09/28)

* 애니플러스 매매 기록

　그림이 조금 복잡하지만 살펴보도록 하겠습니다. 위로 향하는 화살표가 매수 흔적, 밑으로 향하는 화살표가 매도 흔적입니다.
　박스 순서대로 매매를 복기해 보겠습니다.

　우선, 처음에 매매를 시작할 때 좋은 지점에서 매매를 했고, 두 번째 박스 구간에서는 상승 여력이 충분하다고 생각해 불타기 전략으로 추가 매수를 했습니다(결과론적으로 잘못된 판단).

　그 이후 상승 구간에서는 일부는 팔았지만 물량은 쥐고 있었는데 제 생각과 달리 주가가 내려가기 시작했습니다. 제가 판단한 바로는 더 가야 되는 구간이었지만 주가는 반대로 가는 것이죠. 따라서 세 번째 박스 구간에 들어서면서는 주요 이평선들을 차례로 깨기 시작하고 저는 비중을 분할로 줄였습니다. 그리고 네 번째 박스 구간에서 보다시피 급격하게 하락하는 구간에는 대응하지 않았습니다. 그리고 다섯 번째 구간에서는 주가도 충분히 하락했다고 판단했고 추세도 변곡점을 만들어 나간다고 생각했기에 많이 샀습니다. 그래서 지금은 여섯 번째 구간처럼 분할로 천천히 매도하고 있습니다. 지금은 충분한 수익을 누리고 있습니다. 전체적으로 보면, 이 종목은 큰 하락 구간도 있었고, 또 처음에 필자의 잘못된 판단(불타기)도 있었습니다.

그러나 결과론적으로 하락할 때 리스크 제한을 걸었고, 매수는 빠르게 대응하지 않았기 때문에 좋은 결과를 가져올 수 있었습니다.

하락하는 종목은 비중을 줄여 나가다 보면 나중에는 대응하기도 훨씬 쉽습니다. 비중을 줄여 나가면서 주가가 −50%가 된 수준이 왔다고 가정해 봅시다. 이때는 비중을 많이 줄여 놓았기 때문에 남아 있는 물량을 그대로 손절해도 크게 계좌에 영향이 없고, 이때 주가가 과하게 하락해 충분히 투자할 만하다고 생각하면 이 시점에서 과감한 투자도 가능해지는 것입니다.

즉, -50% 이상 되는 종목이 나에게 와도 손실을 입는 구간에는 피해를 최소화합니다. 그리고 주가의 하락에는 한계가 있기 때문에 우량주라면 보통은 주가를 회복합니다. 이 회복하는 시점에서 주가가 조금만 회복해도 금세 회복할 수 있게 됩니다.

단, 전제 조건이 있습니다. 종목에 대해 잘 알아야 합니다. 이 종목의 주가가 평소 어떤 추세로 움직이는지, 내재 가치는 어느 정도인지, 지금 수급은 어떠한지, 들고 있는 사람들의 심리는 어떠할지, 업황은 전체적으로 어떤 환경인지 알고 있어야 딱 맞는 순간은 아니라도 적절한 순간에 적절하게 대처할 수 있습니다.

» 저점 매수한다

저점 매수를 시도하지 마십시오. 저점이나 바닥을 맞추려고 하지 말라는 뜻도 되고, 하락할 때 쉽게 매수하지 말라는 뜻이기도 합니다.

종목이 하락할 때 매입을 하는 것은 세 가지 전제 조건이 필요합니다. 종목에 대해서 잘 아는 것은 기본이고, 시간 지평을 장기간으로 잡고 버텨낼 수 있는 인내심과 추가 매수를 계속해서 할 수 있는 여력이 있어야만 합니다.

이런 확신과 인내심과 투자 자본을 가지고 있는 게 아니라면 바닥을 잡으려고 뛰어들지 마십시오.

확실한 시그널이 나올 때까지 기다리십시오.

» 많은 섹터에 덤벼들지 말라

이 또한 투자자들이 가장 흔히 하는 실수 중 하나입니다. 시장의 주도주는 자주 바뀝니다. 최근만 해도 얼마나 많은 시장의 테마들이 왔다가 사라졌다가 하고 있습니까?

메타버스, 원자재, 조선, 로봇, 네옴 시티 등등.

유망하다는 섹터는 늘 있습니다. 투자하는 사람들은 매일 뉴스에 노출됩니다. 내 투자 자본은 한정되어 있는데 마치 매일 쇼핑 카탈로그가 집으로 배송되는 상황과 같다고 보면 됩니다.

좋다는 종목이나 섹터들을 하나둘씩 담으면 담을수록 종목은 점점 백화점 포트폴리오에 가까워지고 점점 지수랑 상관관계가 높아집니다.

내 포트폴리오를 차별화하십시오!

이것도 좋다 저것도 좋다 하다 보면 결국엔 시장을 이기지 못합니다. 주력 섹터는 한두 개면 충분합니다. 예를 들어 나의 주력 섹터를 조선과 콘텐츠로 정했다고 가정해 보겠습니다. 이 두 개만 죽도록 파십시오. 이 두 개로 충분할 것입니다.

우리나라는 반도체가 중심이니까 반도체 종목도 하나 있어야 될 거 같고, 이차전지는 대표적 성장주니까 이차전지도 하나 있어야 될 거 같고, 음식료도 하나쯤은 들고 있어야 되지 않을까? 그리고 방어도 좀 해야 하니까 배당주도 하나 담고, 최근에 원자력 테마가 대세니까 이것도 하나 정도는 들고 가야지. 이런 생각이 포트폴리오를 병들게 합니다.

자신의 능력 범위 안에서 투자하십시오.

한두 개 섹터, 아니 한두 개 종목도 제대로 추적하기도 힘든 시장입니다. 트렌드를 적극적으로 무시하십시오.

그리고 자신의 주력 섹터를 선정하십시오.

» 밸류가 성장보다 중요하다

밸류에이션이 성장보다 중요합니다. 이는 역사적으로 데이터로 증명된 사실입니다. 저밸류 지표들의 조합이 성장을 능가합니다. 굳이 여기에서 이 데이터의 증명 자료를 가져오는 것은 생략하겠습니다.

많은 투자자가 성장을 중요하게 생각합니다. 필자도 성장주를 좋아합니다. 그러나 성장이 레이스에서 이기기 위한 옵션이라면 밸류는 그냥 필수 옵션입니다. 아무리 전망이 좋은 성장주라도 밸류가 만족할 만한 수준이 아니면 절대 매수하지 않습니다.

여기 대략적인 기준을 제시해 봅니다.

필자는 P/E 기준 10배가 넘는 종목은 잘 매수하지 않으며, 20배가 넘는 종목은 거의 매수하는 일이 없다고 보시면 됩니다. 간혹 성장 섹터에서 우량한 대장주 정도라야 20배 정도의 멀티플에서도 매수를 고려하지, 그게 아니라면 보통은 10배 미만으로 기준점을 잡고 있습니다.

이때 주의할 점은 또 너무 밸류만 본다고 지나친 저밸류 종목만 보다 보면 전통의 자산주나 지주사, 원래 밸류가 낮은 은행, 증권, 유틸리티 섹터 등을 담게 될 확률이 높아집니다.

섹터별로 밸류 차이를 고려하십시오.

즉, 전통적으로 밸류가 낮은 업종에서는 밸류가 그렇게 중요하지 않습니다. 쉽게 말해서 원래 싼 종목은 조금 더 싸진다고 해서 투자자에게 새로운 매력이 생기는 게 아닙니다. 비싼 종목이 싸져야 새로운 매력이 생기는 것입니다. 따라서 이런 업종보다는 성장 업종에 속해 있으면서 다른 경쟁 기업보다 밸류가 낮거나 상대적으로 다른 지표들이 저평가되어 있는 종목을 찾는 것이 가장 좋습니다.

이러한 밸류 지표들을 종목 선정의 시작점으로 삼으십시오.

쉽게 말해서 비싼 종목은 쳐다보지도 마십시오. 매일 매일 올라간다는 소리가 들리면 그 종목을 관심 리스트에서 삭제하십시오. 기회는 놓쳐도 됩니다.

어느 날 그 종목이 급락한다는 소식을 들을 수 있을 것입니다. 기본적으로 주식 시장에서는 평균 회귀의 개념이 강력하게 작동합니다. 즉, 지나치게 올라가면 내려오고, 지나치게 내려가면 올라가게 마련입니다.

또한 성장주는 기본적으로 '성장'이라는 요소가 주가에 반영되어 있기 때문에, 이익이 매년 30%씩 성장하고 있고 주가도 30%도 매년 성장하고 있고 실제로 최근 몇 개년은 그렇게 해 왔고 앞으로 그럴 전망이라고 해도 영원히 성장하는 기업은 절대 없습니다.

성장이 꺾이는 순간이 반드시 찾아옵니다. 이 성장이 꺾이는 순간을 시장은 미리 알고 기업 자체는 이익의 최고점을 기록하고 있지만 주가는 먼저 급락하기 시작합니다. 그리고 기업의 경쟁 우위는 늘 도전받고 침범받습니다.

밸류를 최우선으로 고려하십시오. 성장은 옵션입니다.

이상적인
매수 상황

이 책을 마무리할 때가 되었습니다. 책의 전반적인 내용들을 종합하여 아래에 필자가 선호하는 이상적인 매수 조건들에 대해 정리해 보았습니다.

- 횡보를 오래 함
- 한 번 떨구는 자리가 나오지만 금세 회복함
- 주봉이 상승 추세로 전환
- 저가에 내부자(임원진) 매수가 있음
- 가까운 시일 내 기업의 실적이나 성장 모멘텀 등의 촉매 있음
- 최근 거래량이 조금씩 증가하기 시작함
- 후행 PER가 역사적 밸류에이션 하단에 근접한 수준임
- 내년 실적 전망이 올해보다 좋음
- 다음 분기 실적 전망이 좋음
- 종목을 커버리지하는 애널리스트가 너무 많지 않음. 그러나 하나도 없으면 보수적으로 접근
- 최근에 커버리지가 개시된 종목
- 대표가 회사 확장에 대한 의지가 있음
- 평소 주주 친화적인 스탠스를 가지고 있고, 그 증거들이 있음

- 배당을 높여 주려는 성향이 있음

- 사업 내용이 이해하기 쉬움

- 기존 사업(캐시 플로우) + 신사업의 형태

- 사업 내용이 너무 다각화된 회사는 선호하지 않음

- 섹터 자체가 성장하는 섹터에 반드시 속해 있어야 함

- 본업에서 경제적 해자가 있음. 즉, 본업에서 경쟁력이 반드시 있어야 함

- 본업의 ROE가 높은 수준이어야 함

- 차트상 위꼬리가 너무 많지 않음

- 테마가 붙지 않는 종목

- 베타 계수가 높지 않은 종목, 즉, 너무 변동성이 큰 종목은 선호하지 않음

- 시장에서 소외된 종목. 그러나 어느 정도 거래량은 있어야 함

핵심적인
10가지 투자 원칙

  마지막으로 투자자 여러분에게 꼭 전해 드리고 싶은 10가지 투자 원칙을 적으면서 이 책을 마무리하고자 합니다. 아래 10가지 투자 원칙을 마음에 담아 두고 하나씩 잘 실천해 나가신다면 힘겨운 투자 시장에서 흔들리지 않고 묵묵히 투자의 복리 효과를 실현해 나가는 현명한 투자자가 되실 것이라 생각합니다. 긴 글 읽어 주셔서 감사드리며, 늘 언제나 건강하시고 행복하시기를 기원합니다.

- 항상 손익비를 생각하라
- 추세와 친구가 되라
- 수익은 관대하게, 손실은 기민하게 대응하라
- 기다려라. 기다리는 구간도 투자 구간이다
- 확신이 들 때는 크게 베팅하라
- 투자하지 말아야 할 이유를 찾아라
- 일정 현금 비중을 항상 유지해라
- 투자는 보물찾기가 아니다. 실수를 줄이는 데 주력하라
- 시세에서 멀어지고 평정심을 유지하라
- 일관성을 유지해라

항상 손익비의 개념을 잊지 마시고, 손익은 크게 크게, 손실은 작게 작게 만들어 가는 포트폴리오를 구축해야 합니다.

추세와 친구가 되세요.
내려가는 종목은 물타기 하지 마시고 오르는 상승 추세의 종목을 가까이 하십시오.

수익이 나면 조금 느긋하게 대응하세요.
꺾이고 팔아도 늦지 않습니다.
손실을 키우는 잡초 같은 종목 비중을 줄이십시오.

기다리세요. 급할수록 돌아가야 합니다. 평정심을 유지하세요.
좋은 기회는 자주 오지 않습니다. 뭘 자꾸 하려고 하지 않아도 됩니다. 평소 때는 그냥 가만히 있는 것입니다.
투자하다 보면 좋은 기회가 왔다는 확신이 드는 때가 가끔 찾아옵니다. 이때는 용감하게 크게 베팅하십시오. 가슴 졸여도 해야 할 때가 있습니다.

쓸데없이 포트폴리오에 종목 자꾸 늘리지 마세요.
사지 말아야 할 이유를 자꾸 찾으세요. 그리고 여러 번 검토하세요. 이게 부자들의 마인드입니다.
일정 수준의 현금은 자산 시장의 폭락 때만 쓰는 걸로 합시다. 쓰면 죽는다는 마음으로.

투자에서 안다고 이것저것 다 펼쳐 놓는다 해도 시장 앞에서는 무력합니다. 하지 말아야 할 짓을 안 하면 돈을 벌 수 있습니다. 잘하려고 하지 말고 실수를 줄이고 신중하게 움직이다 보면 운이 따라올 때가 있습니다.

매일 시세판에 움직이는 주가를 바라보고 있으면 마음도 같이 흔들리게 되어 있습니다. 느긋하게 생각하고 항상 감정은 자제하고 평정심을 유지하십시오.

마지막으로 제대로 된 투자 전략을 세웠다면 단기 변동성을 기꺼이 떠안고 일단 밀어붙이십시오.

투자자 여러분들의 성공 투자를 진심으로 기원합니다.

> **"**
> *What counts for most people in investing is not how much they know, but rather how realistically they define what they don't know. An investor needs to do very few things right as long as he or she avoids big mistakes.*
> **"**

> **"**
> 투자하는 대부분의 사람들에게 중요한 것은
> 얼마나 많이 아느냐가 아닙니다.
> 그보다는 현실적으로
> 무엇을 모르는지를 정의하는 것이 중요합니다.
> 큰 실수를 피하기만 한다면
> 투자자가 잘해야 하는 것은 몇 가지 되지 않습니다.
> – 워런 버핏, 버크셔 해서웨이 주주서한, 1992
> **"**

흔들리지 않는
투자 철학

1판 1쇄 발행 2023년 3월 3일

지은이 정원철

교정 신선미 **편집** 유별리 **마케팅·지원** 이진선

펴낸곳 (주)하움출판사 **펴낸이** 문현광

이메일 haum1000@naver.com **홈페이지** haum.kr
블로그 blog.naver.com/haum1007 **인스타** @haum1007

ISBN 979-11-6440-310-3 (03320)

좋은 책을 만들겠습니다.
하움출판사는 독자 여러분의 의견에 항상 귀 기울이고 있습니다.
파본은 구입처에서 교환해 드립니다.

이 책은 저작권법에 따라 보호받는 저작물이므로 무단전재와 무단복제를 금지하며,
이 책 내용의 전부 또는 일부를 이용하려면 반드시 저작권자의 서면동의를 받아야 합니다.